# 为进步而努力

## 福州华伦中学
## 素质教育活动

林捷冬　主编

青岛出版集团｜青岛出版社

我希望华伦的同学们

富有科学精神，拥有理性思考的能力

相信美是一种崇高的力量

同时同学们应该身体健康，生活有趣，追求道德

热爱这个五彩缤纷的世界


为进步而努力

这不仅仅是针对学习提出的要求

也是对我们每个人的人生鼓励


华伦中学校长　林挺金

# 序——冬哥的礼物和梦想

李青（李青叙事班负责人、华伦中学顾问）

冬哥有心，想给华伦中学即将毕业离校的同学们每人送一件纪念品。讨论来讨论去，我们最后决定把学校近几年组织的活动梳理一遍，选一些具有代表性的活动海报，做成一本书送给同学们，作为惜别的信物。过去几年，由于疫情防控，学校经常会取消一些聚集性的活动，这给想参与活动的各方嘉宾和师生留下不少遗憾。因此，书中的海报不仅包含正常举行的活动，而且包含部分在校内公布但未能如期举行的活动，算是用一种"历史文献"的方式抚慰大家失落的心吧。

书名很直接，以华伦中学的校训"为进步而努力"作为正标题，副标题则是"福州华伦中学素质教育活动"。一个书名就简明扼要地把本书的内容介绍给大家。

在福州市乃至福建省内，华伦中学是个传奇。近年来每次中考发榜，华伦学子总是不负众望，一年又一年、一批又一批地考入心仪的学校，继续着华伦人的传说。可是在冬哥要送给同学们的书中，不是华伦学子们在应试教育方面的做法与成果，而是华伦人一直特别重视、在全方位实践的素质教育活动。在华伦中学，素质教育是件花大力气、真抓实干的大事。尤其 2020 年以来，华伦中学投入资金兴建的各类素质教育教学平台陆续投入使用，为全校师生提供了一流的硬件支持。同时，学校与 PNSO 啄木鸟科学艺术小组等国内外知名内容机构的战略合作，集合了全球众多的优质教育内容和学术资源，开发了一系列的综合实践活动课程，得到全校师生和广大家长的充分肯定。在这一点上，冬哥的努力和坚持令人感动。以人的进步为目的的教育事业和教学实践是华伦人的追求。如今，冬哥带领他的同事们，正一步一步地走向新的高度。

冬哥主编出版本书的初衷，是和师生们纪念一段共同进步的岁月，但我认为这远远不够。过去多年，我深度参与了华伦中学的校园建设和教育教学活动，对冬哥大力推进的素质教育理念和教学实践比较了解。我以为，本书虽为教育教学活动海报集，但其内容丰富多元，在众多领域展开探索，对全国各地的中小学开展素质教育活动来说，不失为一本值得一阅的参考书。

对了，冬哥是华伦中学大多数老师、学生和家长对该校校长的称呼。校长本名林捷冬，是本书主编，亦是我多年好友。作为一个喜欢孩子、对教育事业无限热爱的探索者，冬哥的梦想是"为伟大的城市增添一所好学校"。

我认为冬哥做到了。

# 目 录

**序——冬哥的礼物和梦想**

华 伦 中 学

2 0 2 2

科 学 艺 术 季

活 动 海 报 选

# 我们的城市活动
# 系列海报

**海报文案：李青**

**活动文案：阮晶晶  王藩**

**创意指导：李青**

**设计：蒋梓健**

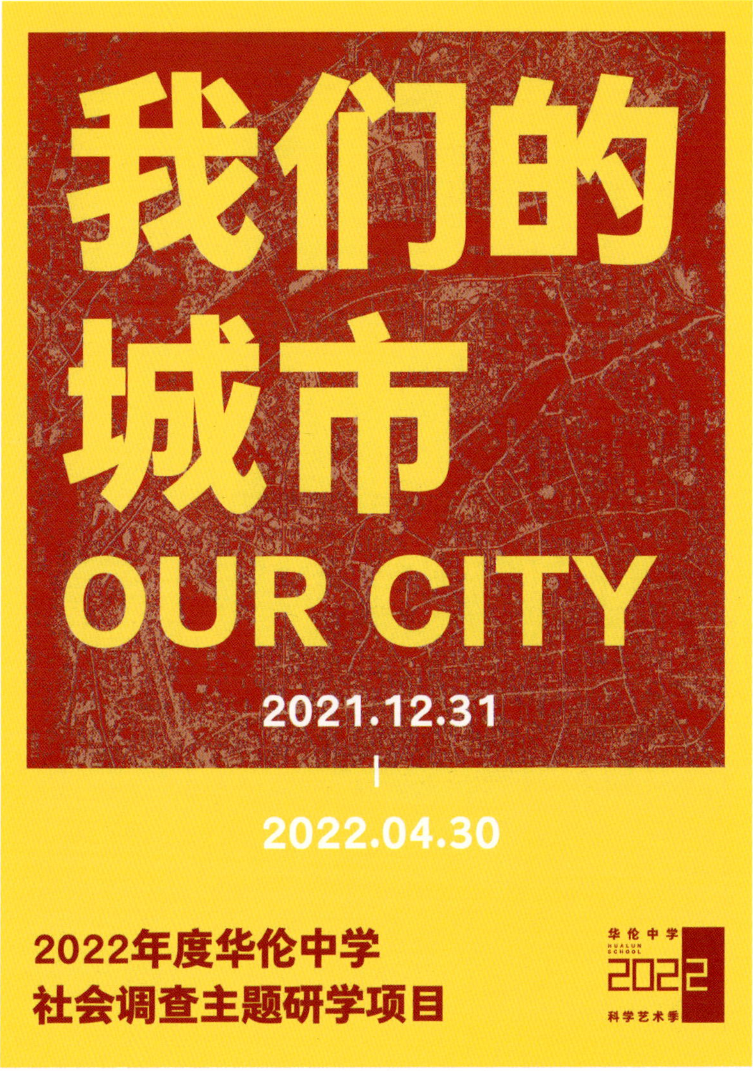
我们的
城市
OUR CITY
2021.12.31
|
2022.04.30
2022年度华伦中学
社会调查主题研学项目
华伦中学
HUALUN SCHOOL
2022
科学艺术季

VISIT OUR CITY.
Fuzhou's Past,
Present and Future
访问
我们的城市
福州的过去
现在和未来
2021.12.31
2022.04.30
华伦中学
HUALUN SCHOOL
2022
科学艺术季
2022年度华伦中学学生实践
社会调查主题研学项目

UNDERSTAND OUR CITY.
Fuzhou's Government,
Operation and Management
2021.12.31
|
2022.04.30
理解
我们的城市
福州的政府
运行和管理
2022年度华伦中学学生实践
社会调查主题研学项目
华伦中学
HUALUN SCHOOL
2022
科学艺术季

LOVE OUR CITY.
Fuzhou's Environment,
Sanitation and Maintenance.

# 爱护
# 我们的城市

## 福州的环境
## 卫生和养护

2021.12.31
|
2022.04.30

华伦中学
HUALUN SCHOOL
2022
科学艺术季

**2022年度华伦中学学生实践**
**社会调查主题研学项目**

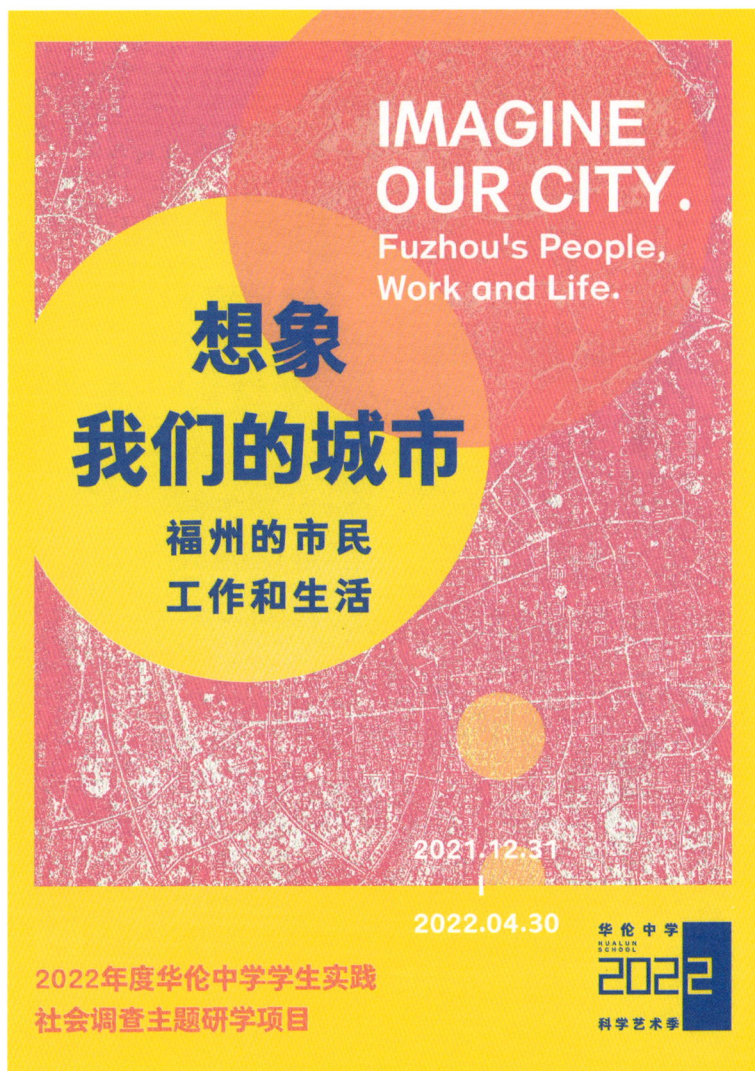

认识
我们的城市

福州的街道
河流和社区

MEET OUR CITY.
Fuzhou's Neighborhoods,
Rivers and Communities

2021.12.31
|
2022.04.30

华伦中学
HUALUN SCHOOL
2022
科学艺术季

2022年度华伦中学学生实践
社会调查主题研学项目

## 项目形式：

"学生－老师"或"学生－家长"共同完成的社会调查类研学项目。
由学生确定调查主题，主题围绕福州市内的街道、河流、社区和公园等
展开，并且邀请老师或家长作为指导者共同完成。

1. 小学低年级学生（1—3 年级）可和家长或老师共同完成一篇调查报告（字
数不少于 200，图片不少于 5 张）；
2. 小学高年级学生（4—6 年级）自行完成一篇调查报告（字数不少于
300，图片不少于 5 张）；
3. 初中生自行完成一篇调查报告（字数不少于 500，图片不少于 5 张）。

## 项目管理：

本项目设立专题负责人。

专题负责人由学校老师担任，1 月 10 日前可通过"钉钉工作台 —2022 科
学艺术季"填写报名表。

专题负责人主要工作内容为收集报名学生的项目资料，将项目成果转化
成专题文件（撰写项目结题报告），选出优秀作品，报送华伦中学 2022
科学艺术季专题负责人会议，进行评奖。

## 参加方法：

由学生报名发起，可与老师或家长共同配合完成，交由专题负责人统一
对接。

## 成果呈现：

1. 优秀作品展览
2. 优秀作品作者讲座
3. 收入优秀作品集

# 我们的亲人活动
# 系列海报

**海报文案：李青**

**活动文案：阮晶晶　王藩**

**创意指导：李青**

**设计：蒋梓健**

**绘画：赵闯**

# 我们

OUR

# 的

RELATIVES

# 亲人

**2022年度华伦中学**
**学生家庭教育主题**
**研学项目**

华伦中学
HUALUN SCHOOL
**2022**
科学艺术季

2021.12.31
丨
2022.04.30

对话
我们的
亲人

2021.12.31
|
2022.04.30

奶奶和爷爷珍藏的信件

2022年度华伦中学
学生家庭教育主题研学项目

华伦中学
HUALUN SCHOOL
2022
科学艺术季

2021.12.31
|
2022.04.30

走近
我们的亲人

**妈妈和爸爸小时候看过的书**

2022年度华伦中学
学生家庭教育主题研学项目

华伦中学
HUALUN
SCHOOL
2022
科学艺术季

## 项目形式：

"学生－家长"共同完成的写作项目。
由学生访谈自己的父母，了解父母小学或初中阶段读过的书，并就书的内容和父母进行交流。

1. 小学低年级学生（1—3 年级）可和父母共同完成一篇不少于 200 字的短文（体裁不限）；
2. 小学高年级学生（4—6 年级）自行完成一篇不少于 300 字的短文（体裁不限）；
3. 初中生自行完成一篇不少于 500 字的访谈文章。

## 项目管理：

本项目设立专题负责人。

专题负责人由学校老师担任，1 月 10 日前可通过"钉钉工作台 —2022 科学艺术季"填写报名表。

专题负责人主要工作内容为收集报名学生的项目资料，将项目成果转化成专题文件（撰写项目结题报告），选出优秀作品，报送华伦中学 2022 科学艺术季专题负责人会议，进行评奖。

## 参加方法：

由学生报名发起，学生家长配合完成，交由专题负责人统一对接。

## 成果呈现：

1. 优秀作品展览
2. 优秀作品作者讲座
3. 收入优秀作品集

# 我们的身体活动
# 系列海报

**海报文案：李青**

**活动文案：阮晶晶　王藩**

**创意指导：李青**

**设计：蒋梓健**

**绘画：赵闯**

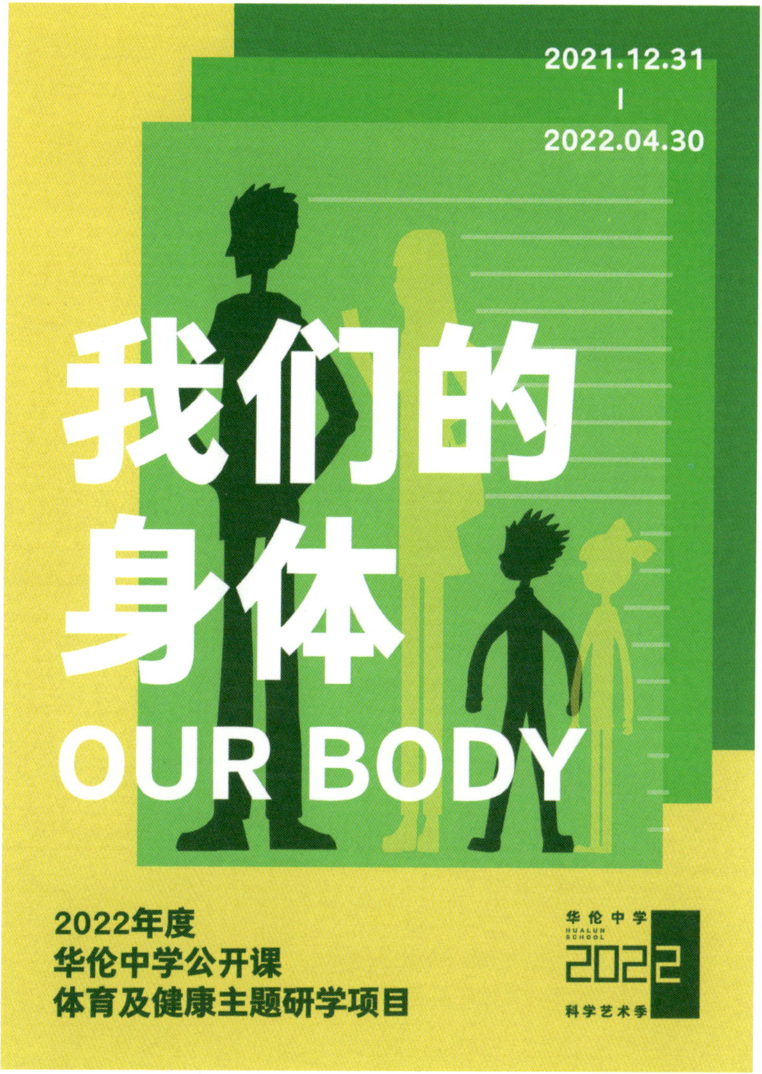
2021.12.31
|
2022.04.30
我们的
身体
OUR BODY
2022年度
华伦中学公开课
体育及健康主题研学项目
华伦中学
HUALUN SCHOOL
2022
科学艺术季

生活中的医学常识
以及青少年常见病的预防
2021.12.31
2022.04.30
保护
我们的
身体
2022年度华伦中学公开课
体育及健康主题研学项目
华伦中学
2022
科学艺术季

强壮
我们的
身体
运动的科学
方法和体系
2021.12.31
|
2022.04.30
2022年度华伦中学公开课
体育及健康主题研学项目
华伦中学
HUALUN SCHOOL
2022
科学艺术季

# 我们的精彩活动
# 系列海报

**海报文案：** 李青

**活动文案：** 阮晶晶  王藩

**创意指导：** 李青

**设计：** 蒋梓健

**绘画：** 赵闯

赛出
我们的
精彩
华伦好声音
主持人大赛
舞蹈比赛
器乐比赛
校园辩论赛
2021.12.31
|
2022.04.30
2022年度华伦中学学生实践
校园表演及竞赛类研学项目
华伦中学
HUALUN SCHOOL
2022
科学艺术季

演出
我们的
精彩

脱口秀 / 舞台剧

相声 / 口技 / 魔术 / 武术

2021.12.31
|
2022.04.30

华伦中学
HUALUN SCHOOL
2022
科学艺术季

2022年度华伦中学学生实践
校园表演及竞赛类研学项目

2021.12.31
—
2022.04.30

绘画

书法

手工

博物

展出
我们的
精彩

2022年度华伦中学学生实践
校园文艺及竞赛类研学项目

华伦中学
HUALUN
SCHOOL
2022
科学艺术季

2021.12.31
|
2022.04.30

诗歌

散文

小说

报道

随笔

游记

写出
我们的
精彩

华伦中学
HUALUN SCHOOL
2022
科学艺术季

2022年度华伦中学学生实践
校园表演及竞赛类研学项目

# 展览活动
# 系列海报

**文案：李青**

**创意指导：李青**

**设计：蒋梓健　陈超**

**绘画：赵闯**

2021.12.31
|
2022.04.30
大海的故事
台江校区学生艺术中心
PNSO啄木鸟科学艺术小组
PNSO鲸的秘密
科学艺术展
和赵闯、杨杨一起
创作美妙的地球故事
华伦中学
HUALUN SCHOOL
2022
科学艺术季
2022年度华伦中学学生实践
校园文艺及竞赛类研学

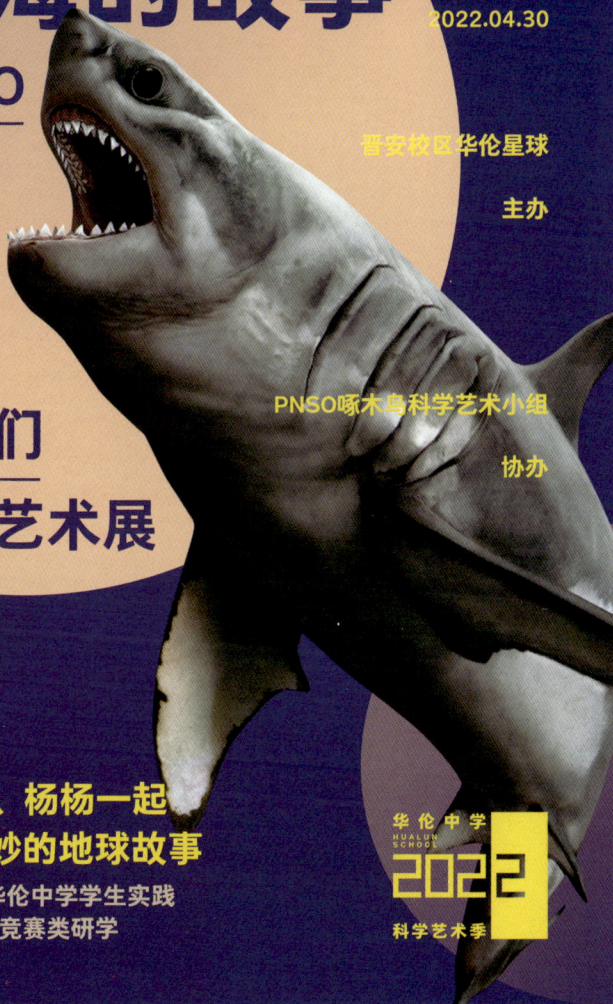

你认识我们吗？

蓝鲸
亚历克斯

生存年代：更新世至今
体形：体长最大约为 29.9 米

**利维坦鲸**
**雷克纳**
生存年代：中新世
体形：体长为 13.5~17.5 米

**游走鲸**
**阿里**
生存年代：始新世
体形：体长约为 3 米

**巴基斯坦鲸**
**雷赫曼**
生存年代：始新世
体形：体长为 1~2 米

**始须鲸**
**米娅**
生存年代：中新世
体形：体长约为 11 米

**雷明顿鲸**
**拉农**
生存年代：始新世
体形：体长约为 3.5 米

**冠齿鲸**
**伊芙琳**
生存年代：渐新世
体形：体长为 6.5~7.5 米

**原鲸**
**史瑞夫**
生存年代：始新世
体形：体长约为 2.5 米

**龙王鲸**
**乔治**
生存年代：始新世
体形：体长为 15~18 米

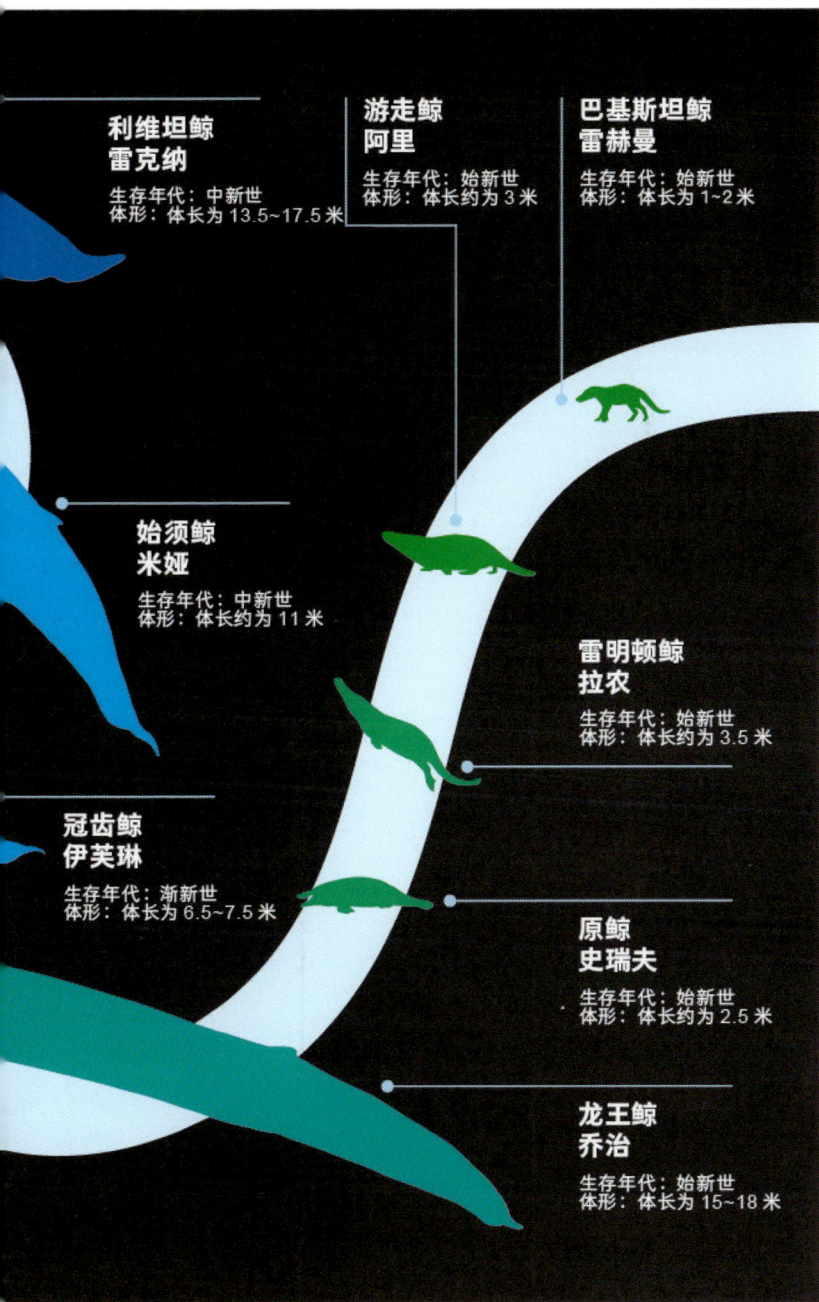

# 华伦中学

# 2021

# 科学艺术季

# 活动海报选

# 活动预告
# 系列海报

**文案：李青**

**创意指导：李青**

**设计：蒋梓健**

**摄影：林铁志　李瑶**

华伦中学
HUALUN
SCHOOL
2021
科学艺术季
高谈
学术讲座

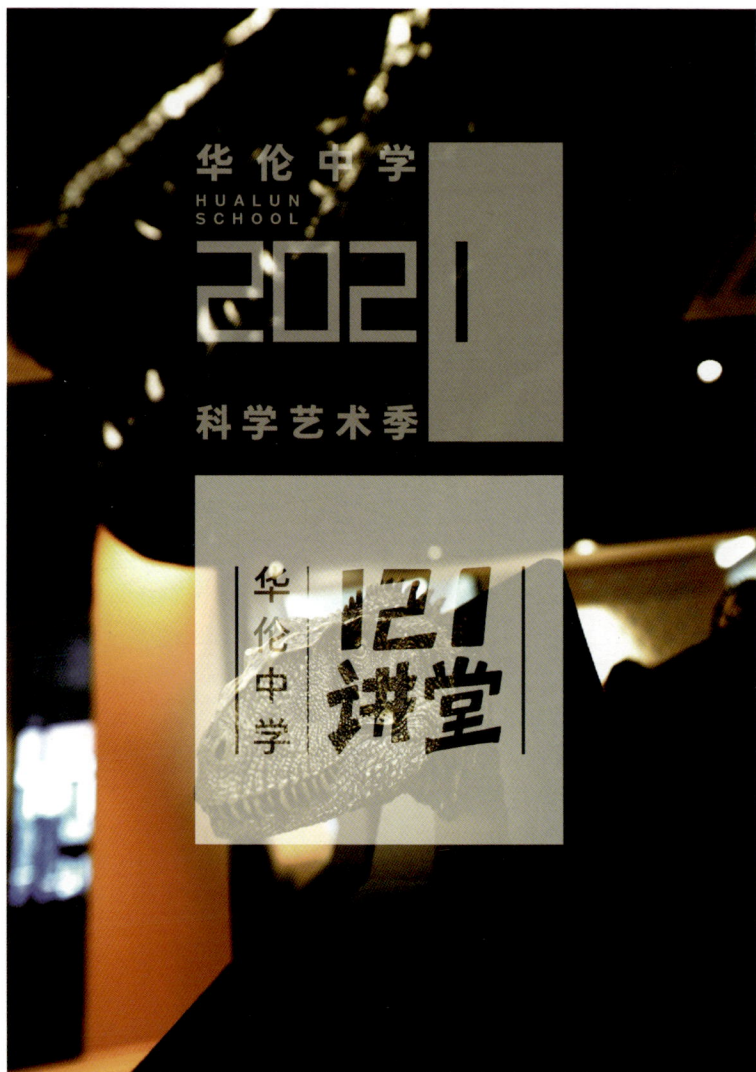

华伦中学
HUALUN
SCHOOL
2021
科学艺术季
学生
竞赛

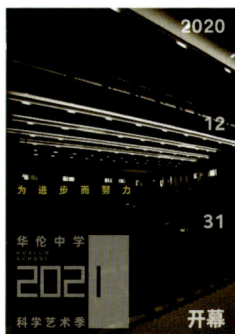
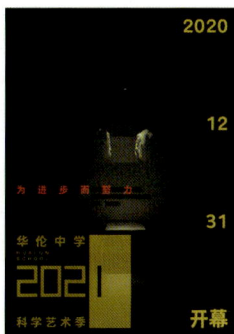
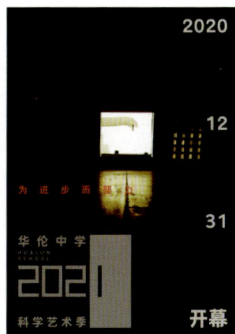

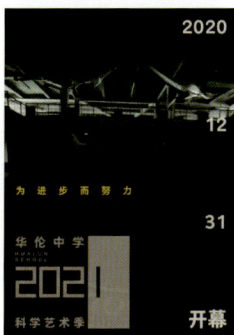

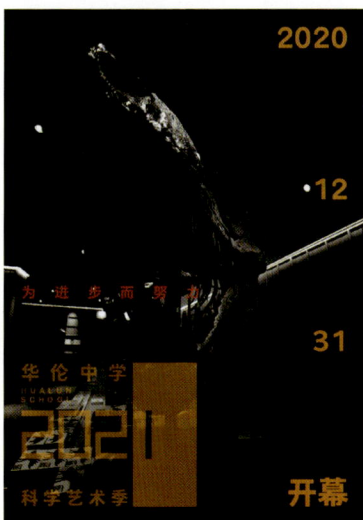
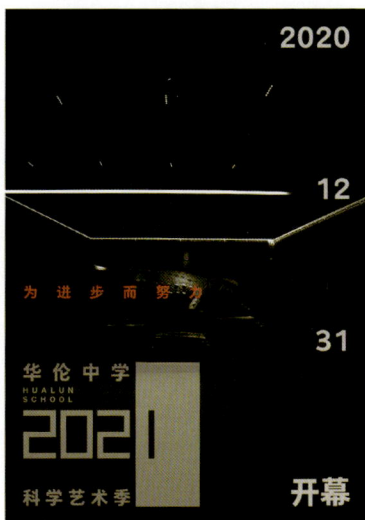

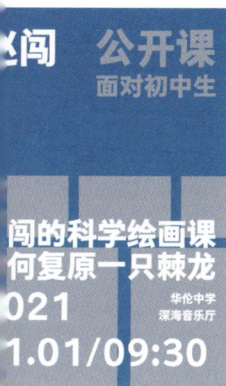

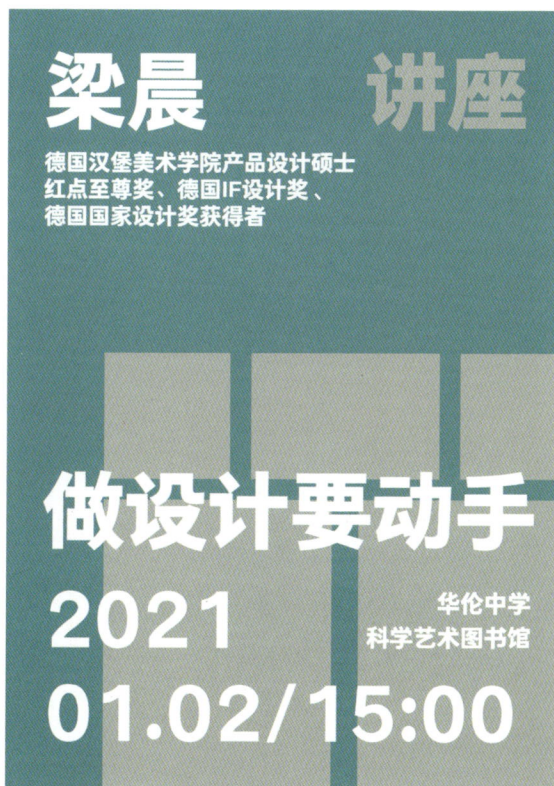

# 展览活动
# 系列海报

**文案：杨杨**

**创意指导：李青**

**设计：蒋梓健**

**摄影：林铁志**

**绘画：赵闯**

不要让我们孤独地生活在地球上

学术主持
/
马克 · 诺瑞尔（Mark A. Norell）

策展人
/
陈超

2020
12
31
—
2021
04
30

赵闯和杨杨
科学艺术展

华 伦 中 学
2021
科学艺术季

2020.12.31 — 2021.04.30

# 凝视，
# 与一座
# 伟大的城市彼此守望

赵闯和杨杨
科学艺术展

华伦中学
2021
科学艺术季

策展人/陈超
学术主持/马克·诺瑞尔（Mark A. Norell）

赵闯和杨杨科学艺术展

# PNSO恐龙博物馆
# 追寻生命的足迹

学术主持
/
马克·诺瑞尔（Mark A. Norell）

策展人
/
陈超

2020.12.31
I
2021.04.30

华伦中学
HUALUN
SCHOOL
2021
科学艺术季

启蒙

2021.01.01~2021.04.30

赵闯和杨杨科学艺术展

华伦中学
HUALUN SCHOOL
2021
科学艺术季

画家和两只猫

冯小卫
北京生活
主题绘画展

2021/01/01—04/30

华伦科学
2021
科学艺术季

展览项目
A B C

文艺会学社

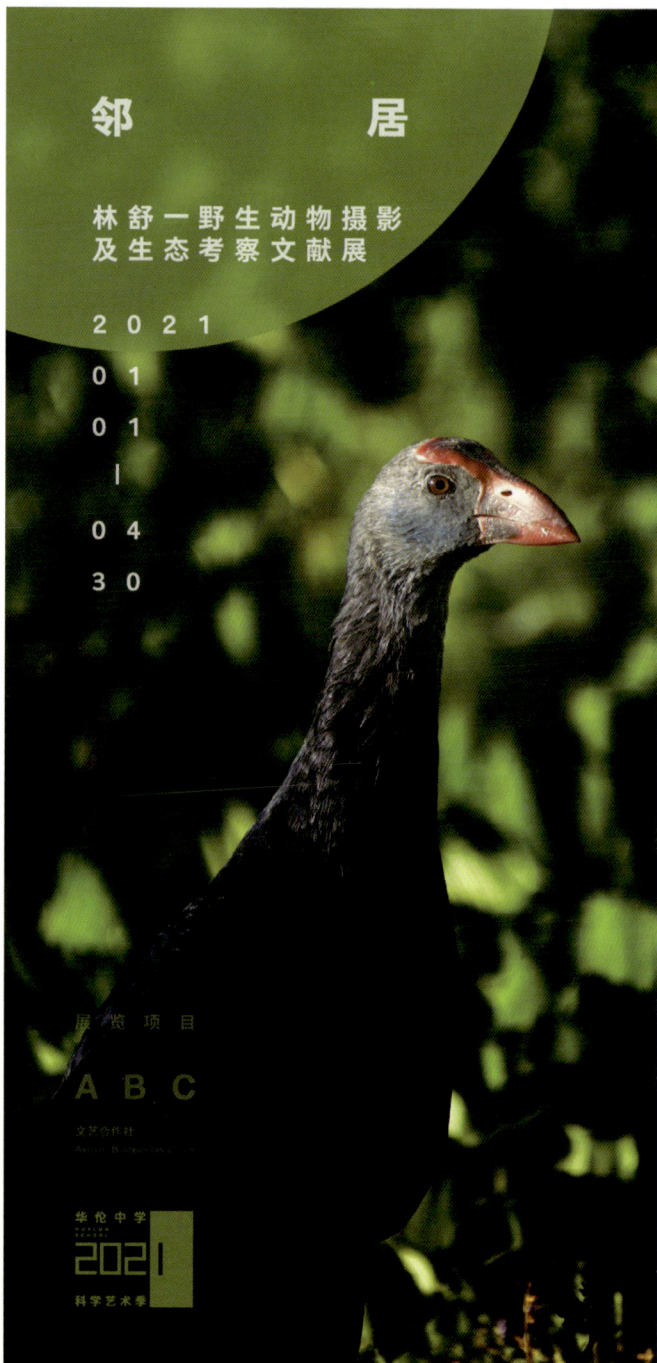

邻          居

林 舒 一 野 生 动 物 摄 影
及 生 态 考 察 文 献 展

2 0 2 1

0
1

0
1

|

0
4

3
0

展 览 项 目

A B C

文艺合作社
Artist Bookworks Co-op

华伦中学
2021
科学艺术季

# 公开课活动
# 系列海报

**文案／创意指导：李青**

**设计：蒋梓健　陈超　杨岩周**

**摄影：林铁志　李瑶**

**绘画：赵闯**

华伦中学

HUALUN
SCHOOL

2021|公开课

科学艺术季

面向全校师生

# 字

## 好字好运

用文字美学
塑造我们的精神世界

主讲

## 严永亮

字体艺术家
仓耳字库创始人
中央美术学院硕士

A B C D E

F G H I J K

L M N O P

Q R S T U

V W X Y Z

# 语言学习
## 通向历史、世界、未来的工具

主讲 / **陈默**

翻译家/PNSO啄木鸟科学艺术小组翻译项目负责人
15岁留学新加坡莱佛士书院
剑桥大学经济学学士
哈佛大学经济学硕士
2008-2012年教授哈佛本科生微观经济学/行为经济学

如何用一块石头
创造自己的
恐龙博物馆

和科学童话作家杨杨
一起写作文

华伦中学
HUALUN SCHOOL
2021 公开课
科学艺术季
面对初中生

如何复原一只霸王龙
赵闯的科学绘画课

华伦中学
HUALUN SCHOOL
2021 | 公开课　　面对小学生
科学艺术季

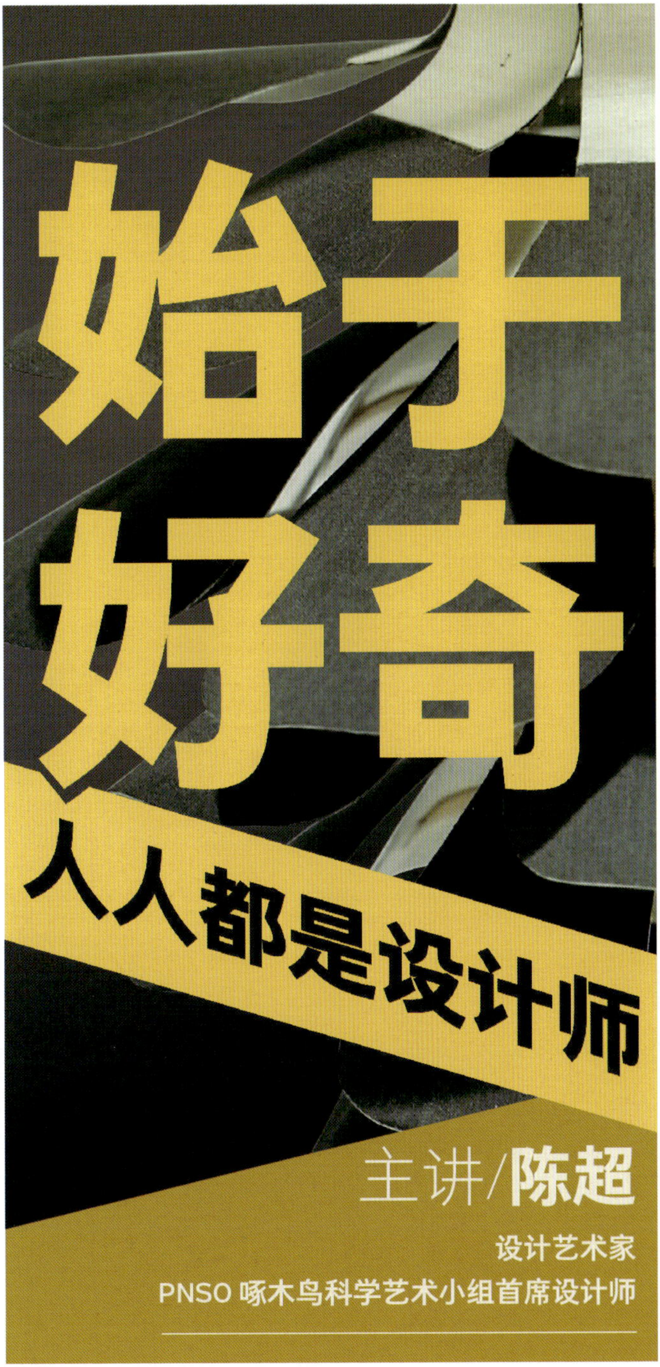
始于
好奇
人人都是设计师
主讲/陈超
设计艺术家
PNSO 啄木鸟科学艺术小组首席设计师

# 高谈学术讲座活动
# 系列海报

**文案内容：主讲人**

**文案编辑：李青**

**创意指导：李青**

**设计：蒋梓健　杨岩周**

**摄影：主讲人**

高谈
学术讲座

# 巨龙大发现

## 巨大汝阳龙的发现与研究

主讲／**徐莉 博士**

地层古生物专家／河南省地质博物馆馆长

华伦中学
2021
科学艺术季

# 揭秘马门溪龙

## 趣谈亚洲巨龙的发现过程与研究史

### 主讲 / 欧阳辉 博士

古生物学家 / 重庆自然博物馆馆长

# 黑洞与引力波

天文学家的宇宙新故事

主讲 / 孙维新 博士

天文学家/台湾自然科学博物馆馆长

高谈
学术讲座

2021
科学艺术季

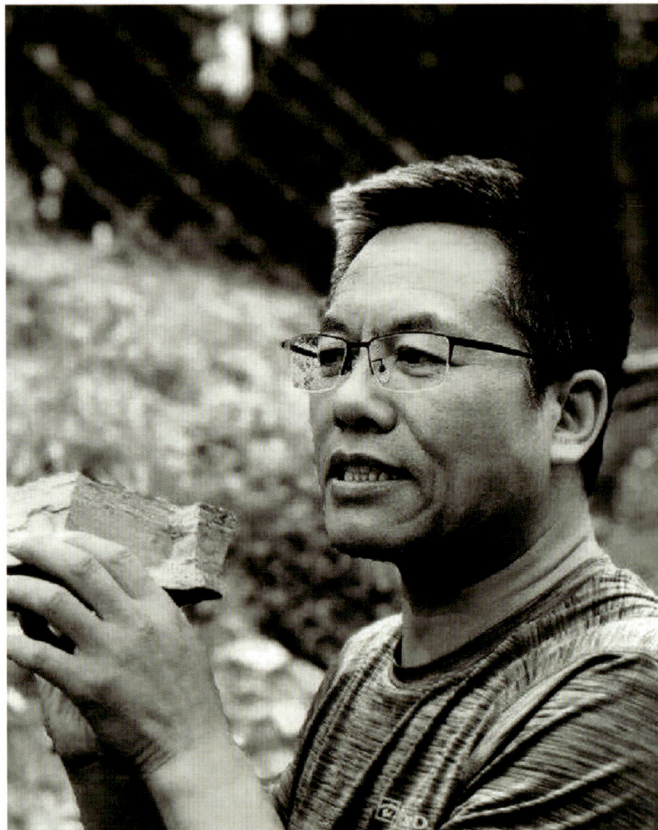

# 翼龙时代

恐龙时代的天空霸主

主讲 / 汪筱林 博士

古生物学家
巴西科学院通讯院士
中国科学院古脊椎动物与古人类研究所研究员

高谈
学术讲座

华伦中学
2021
科学艺术季

# 霸王龙新研究

主讲／马克·诺瑞尔博士（Mark A. Norell）

古生物学家/美国自然历史博物馆古生物部主任

高谈
学术讲座

华伦中学
2021
科学艺术季

# 阔论趣味分享会活动
# 系列海报

**文案内容：主讲人**

**文案编辑：李青**

**创意指导：李青**

**设计：蒋梓健　杨岩周**

**摄影：主讲人或华伦中学摄影团队**

**绘画：赵闯**

动手整理收纳童趣

邱盈老师 的 亲子 整理术

阔论
趣味分享会

华伦中学
科学艺术
HUALUN School
Sci-Art Library
图书馆

主讲 / 邱盈
华伦中学小学部整理课程专任讲师
日本规划整理协会认证一级生活规划整理师
《亲子规划整理术》联合作者

华伦中学
2021
科学艺术季

阔论
趣味分享会

AI 探索

刘泽宇同学的
机器人创意分享

主讲
刘泽宇
华伦中学初一学生
2020世界机器人大赛AI探索赛项一等奖获得者

华伦中学
2021
科学艺术

# 咖啡只有苦味吗？

## 钟婧老师的咖啡品鉴课

**主讲／钟婧**
华伦中学小学部整理课程专任讲师
咖啡爱好者

# 培养好的学习习惯
## 了解孩子的艺术

主讲 / 王莹

华伦中学小学部数学课程专任讲师
美国正面管教认证家长讲师（CPDPE）
中国社会情感学习高级讲师（SEL）

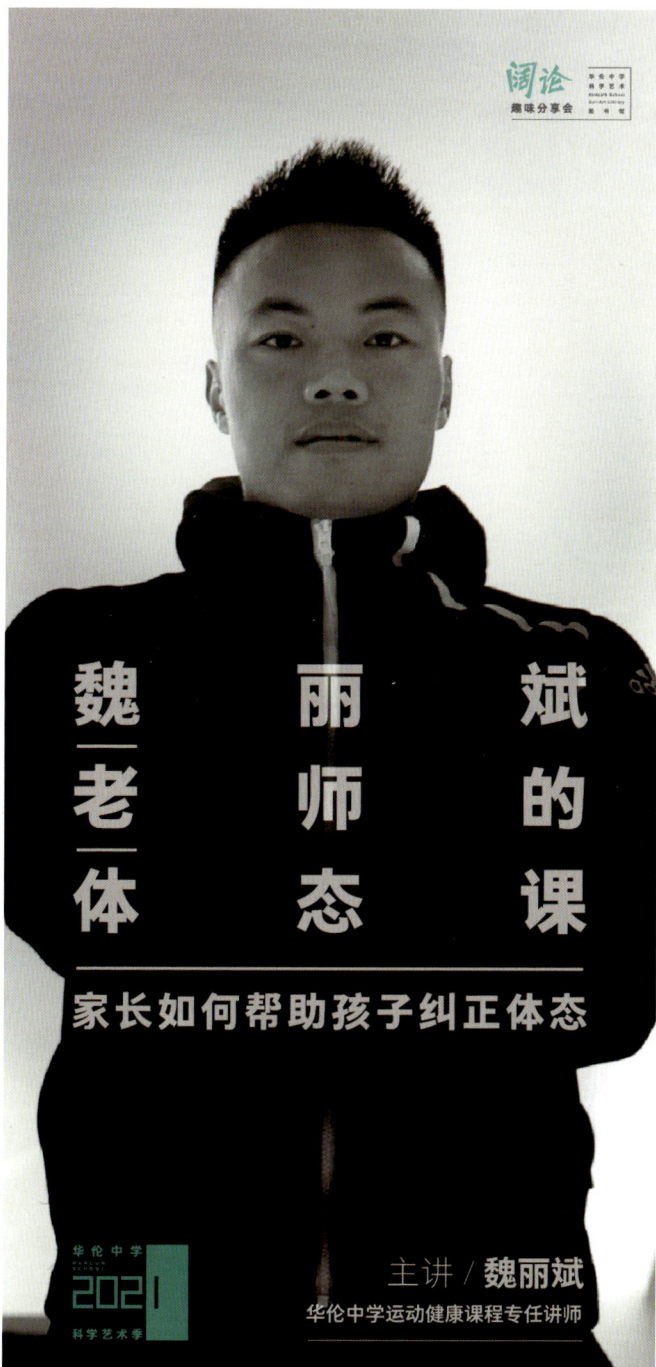

阔论
趣味分享会

魏老师丽师态斌的课
家长如何帮助孩子纠正体态

主讲／魏丽斌
华伦中学运动健康课程专任讲师

华伦中学
2021
科学艺术季

阔论
趣味分享会

"性"会了

# baby

何倩老师的儿童性教育课

主讲 / 何倩

华伦小学幸会【性慧】教师团队成员
华伦中学小学部英语课程专任讲师
国家性教育讲师
"保护豆豆"儿童性教育家长讲师
美国正面管教认证家长讲师(CPDPE)

华伦中学
HUALUN SCHOOL
2021
科学艺术季

阔论
趣味分享会

趣味
黏土
手作
陈晓晴
老师的
美术课

主讲 / 陈晓晴
华伦中学小学部美术课程专任讲师
黏土制作爱好者

华伦中学
2021
科学艺术季

儿童
社会情感
学习

主讲 / **王莹**
华伦中学小学部数学课程专任讲师
美国正面管教认证家长讲师（CPDPE）
中国社会情感学习高级讲师（SEL）

阔论
趣味分享会

华伦中学
2021
科学艺术季

阔论
趣味分享会

不要害怕
和孩子
谈性的话题

主讲 / 肖钦文
华伦小学幸会【性慧】教师团队成员
华伦中学小学部语文课程专任讲师
国家性教育讲师
"保护豆豆"儿童性教育家长讲师

2021
科学艺术季

阔论
趣味分享会
情景
连琳琳老师面对教师的教育戏剧工作坊
主讲 / 连琳琳
华伦中学小学部超学科课程专任讲师
爱尔兰圣三一大学教育戏剧认证导师
华伦中学
HUALUN
SCHOOL
2021
科学艺术季

阔论
趣味分享会

融入
角色

连琳琳老师面对学生的教育戏剧工作坊

主讲／连琳琳
华伦中学小学部超学科课程专任讲师
爱尔兰圣三一大学教育戏剧认证导师

华伦中学
HUALUN SCHOOL
2021
科学艺术季

# 做自己的私人教练

## 魏丽斌老师的脊柱自我护理课

主讲／**魏丽斌**

华伦中学运动健康课程专任讲师

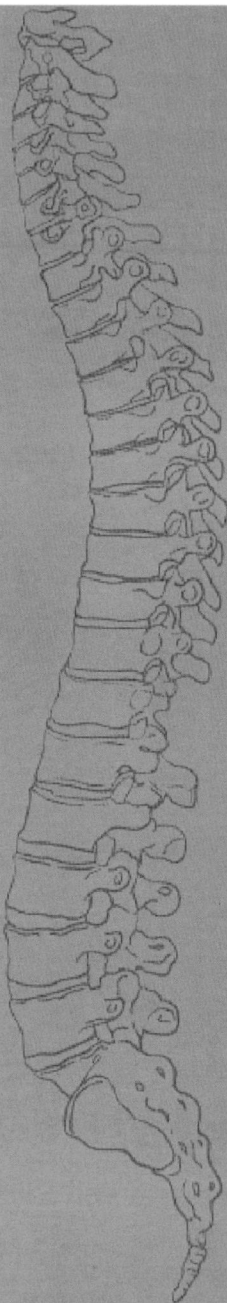

阔论
趣味分享会

华伦中学
HUALUN SCHOOL

2021

科学艺术季

阔论
趣味分享会
我们
是从哪里来的？
李亦白老师的儿童涉性知识课
主讲 / 李亦白
华伦小学幸会【性慧】教师团队成员
华伦中学小学部音乐课程专任讲师
儿童性教育讲师
华伦中学
2021
科学艺术季

阔论
趣味分享会

青春期
我的
身体变化

王梅老师的

中学生

性知识科普课

主讲 / 王梅
华伦小学幸会【性慧】教师团队成员
华伦中学小学部语文课程专任讲师
国家性教育讲师
"保护豆豆"儿童性教育家长讲师

华伦中学
2021
科学艺术季

保 持 生 活 永 远 是 新 的

我 是 如 何 通 过 整 理 术 保 护 生 活 热 情 的

主讲 / **邱盈**
华伦中学小学部整理课程专任讲师
日本规划整理协会认证一级生活规划整理师
《亲子规划整理术》联合作者

华伦中学
HUALUN
SCHOOL
**2021**
科学艺术季

阅论
趣味分享会

正面
王莹老师的家庭鼓励方法
教育

主讲 / 王莹
华伦中学小学部数学课程专任讲师
美国正面管教认证家长讲师（CPDPE）
中国社会情感学习高级讲师（SEL）

华伦中学
HUALUN SCHOOL
2021
科学艺术季

# 假期运动建议

**陈亮老师的宅家运动课**

主讲／**陈亮**

动通体育专任青少年体能训练师
亚洲体适能认证教练

绘画中的
语文

陈圣曦

老师的

语文课

主讲／陈圣曦
华伦中学语文课程专任讲师
福建师范大学教育硕士

华伦中学
2021
科学艺术季

# 数学之美

阆论
趣味分享会

## 范生娜老师的
## 数学探索课

主讲 / 范生娜
华伦中学数学课程专任讲师
台江校区数学教研组组长

华伦中学
HUALUN SCHOOL
2021
科学艺术季

阔论
趣味分享会

2021

# 微光与希望

## 陈文婷老师的人文历史课

主讲 / **陈文婷**
华伦中学历史课程专任讲师

华伦中学
HUALUN SCHOOL
2021
科学艺术季

# 121 讲堂活动
# 系列海报

**文案内容：主讲人**

**文案编辑：李青**

**创意指导：李青**

**设计：蒋梓健　陈超　杨岩周**

**摄影或插画：主讲人或华伦中学摄影团队**

# 做设计要动手！

主讲 / **梁晨**
德国汉堡美术学院产品设计硕士
红点至尊奖、德国 IF 设计奖、
德国国家设计奖获得者

主讲／**陈鼎**

华伦中学体育课程专任讲师

# 中考体育

## 该

## 如何准备

华伦中学 **121讲堂**

华伦中学 **2021**
科学艺术季

华伦中学
121讲堂
One for all
all for one
我为人人，人人为我
吴露生老师的触式橄榄球体验课
主讲 / 吴露生
触式橄榄球课程专任讲师
福建省橄榄球协会会长
华伦中学
HUALUN SCHOOL
2021
科学艺术季

华伦中学
121讲堂
中考体育得分要点
郑正社老师中考体育得分“必杀技”
主讲 / 郑正社
华伦中学体育课程专任讲师
华伦中学
2020
科学艺术季

华伦中学
121讲堂

# 高分作文怎么写

### 赖尚熹老师的作文课

主讲 / 赖尚熹

华伦中学语文课程专任讲师
台江校区初一年段语文集备组组长

华伦中学
HUALUN SCHOOL
2021
科学艺术季

华伦中学
HUALUN SCHOOL
2021
科学艺术季

福 州

# 回 到 海 上

杨 帆 的 扬 帆 故 事

主讲 / 杨帆

中国帆船帆板运动协会 大众与青少年发展委员会 技术委员
福建省航海模型运动队 遥控帆船项目运动员
福建省青少年航海模型运动队 教练员

华伦中学 121讲堂

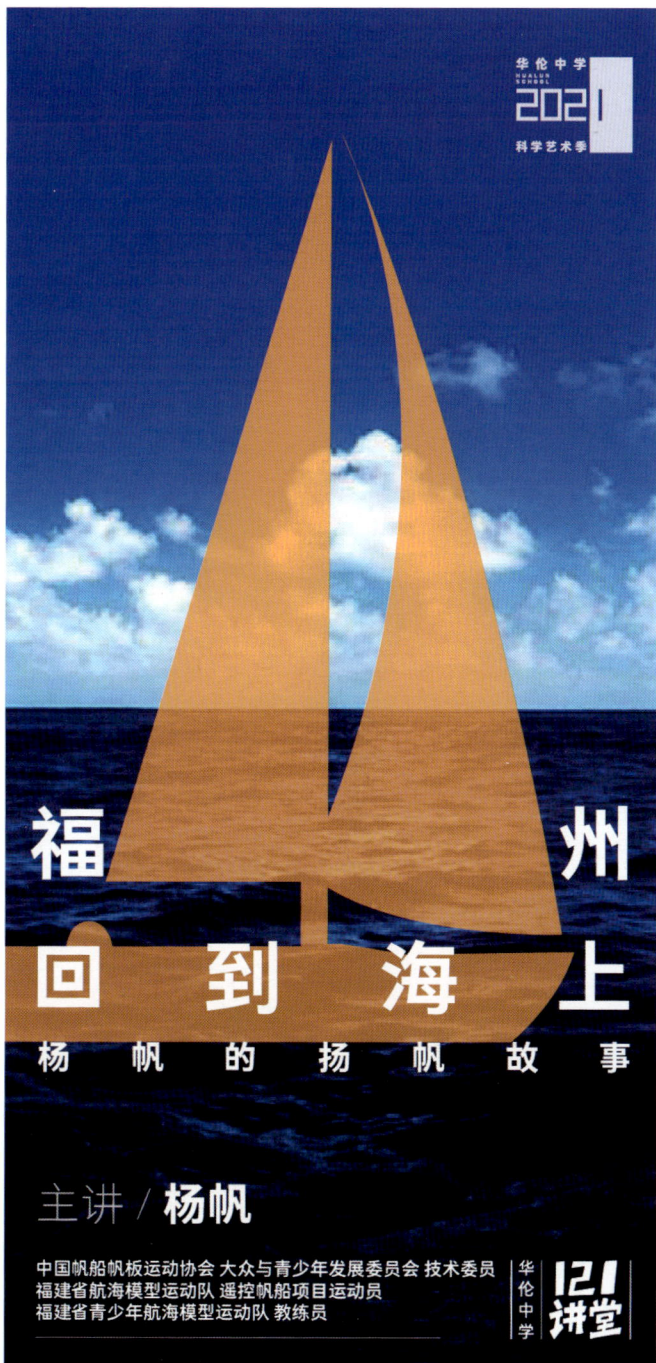

华伦中学
2021
科学艺术季

福州
回到海上
杨帆的扬帆故事

主讲 / 杨帆

中国帆船帆板运动协会 大众与青少年发展委员会 技术委员
福建省航海模型运动队 遥控帆船项目运动员
福建省青少年航海模型运动队 教练员

华伦中学 121 讲堂

# 超级整理

## 邱盈老师的整理课

主讲 / **邱盈**
华伦中学小学部整理课程专任讲师
日本规划整理协会认证一级生活规划整理师
《亲子规划整理术》联合作者

华伦中学 **121** 讲堂

华伦中学
HUALUN SCHOOL
**2021**
科学艺术季

# 音乐节活动
# 系列海报

**文案内容：主讲人**

**文案编辑：李青**

**创意指导：李青**

**设计：蒋梓健　杨岩周**

**摄影或插画：主讲人或华伦中学摄影团队**

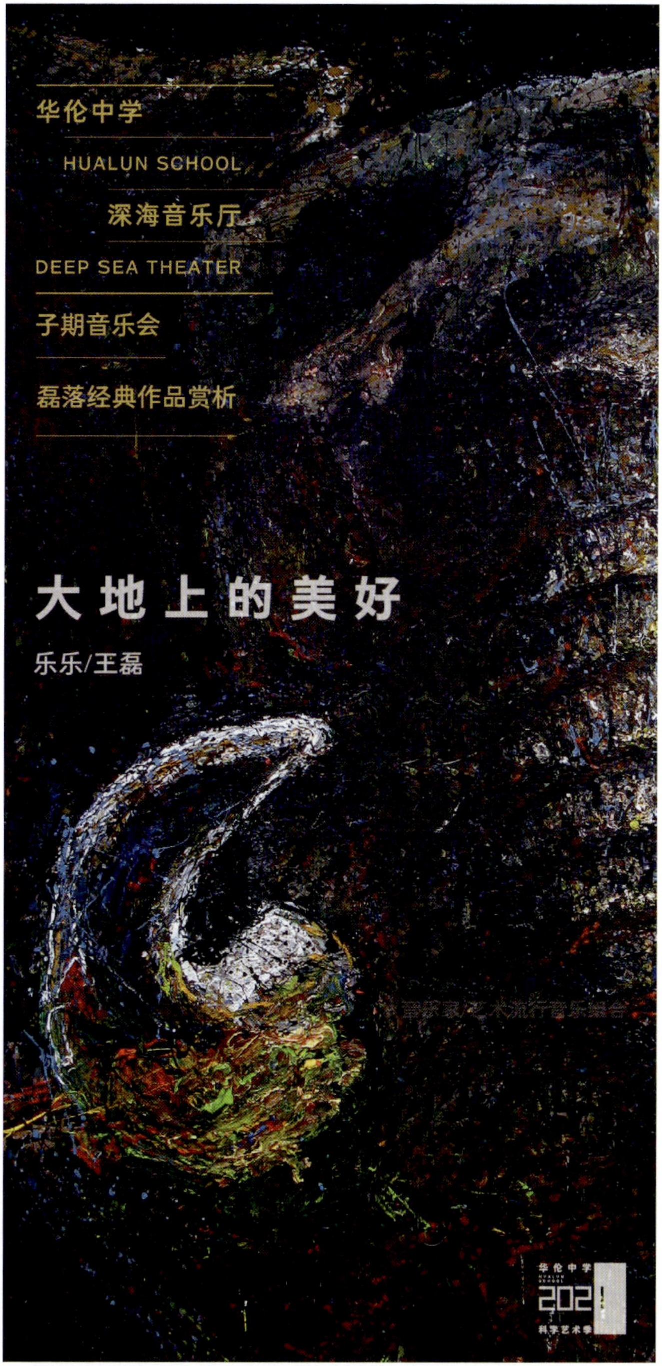
华伦中学
HUALUN SCHOOL
深海音乐厅
DEEP SEA THEATER
子期音乐会
磊落经典作品赏析
大地上的美好
乐乐/王磊
华伦中学
2021
科学艺术季

华伦中学

HUALUN SCHOOL

深海音乐厅

DEEP SEA THEATER

伯牙讲座

# 发现声音的美

让说话更有力量的几个关键点

主讲 / 孙斌

声音艺术家/中央电视台栏目解说

华伦中学
2021
科学艺术季

隋景山
唢呐独奏音乐会

华伦中学

HUALUN SCHOOL

深海音乐厅

DEEP SEA THEATER

子期音乐会

思乡

音乐家/中国首位唢呐硕士研究生
安徽艺术职业学院教授/民乐团团长
安徽省音乐家协会民族管乐委员会主任
安徽皖派唢呐艺术研究院院长

华伦中学
HUALUN SCHOOL
2021
科学艺术季

# 唢呐的故事
# 我的音乐启蒙之路

华伦中学

HUALUN SCHOOL

深海音乐厅

DEEP SEA THEATER

伯牙讲座

## 隋景山

音乐家/中国首位唢呐硕士研究生
安徽艺术职业学院教授/民乐团团长
安徽省音乐家协会民族管乐委员会主任
安徽皖派唢呐艺术研究院院长

华伦中学
HUALUN SCHOOL
2021
科学艺术季

华伦中学

HUALUN SCHOOL

深海音乐厅

DEEP SEA THEATER

子期音乐会

# 闽江之星艺术类竞赛
# 汇报演出暨音乐节闭幕

演出嘉宾 | 器乐获奖团队
舞蹈获奖团队
唱歌获奖团队

华伦中学
HUALUN SCHOOL
2021
科学艺术季

黄河谣

贺国丰黄土民谣音乐会

华伦中学

HUALUN SCHOOL

深海音乐厅

DEEP SEA THEATER

子期音乐会

华伦中学
2021
科学艺术季

我 们 需 要 可 被 触 碰 的 记 忆

**磊 落 的 故 事**

主讲/ **乐乐/王磊**

音乐家/艺术流行音乐组合

华伦中学

HUALUN SCHOOL

深海音乐厅

DEEP SEA THEATER

伯牙讲座

# 学生竞赛活动
# 系列海报

**文案：李青**

**创意指导：李青**

**设计：蒋梓健**

华 伦 中 学
HUALUN
SCHOOL

2021

科 学 艺 术 季

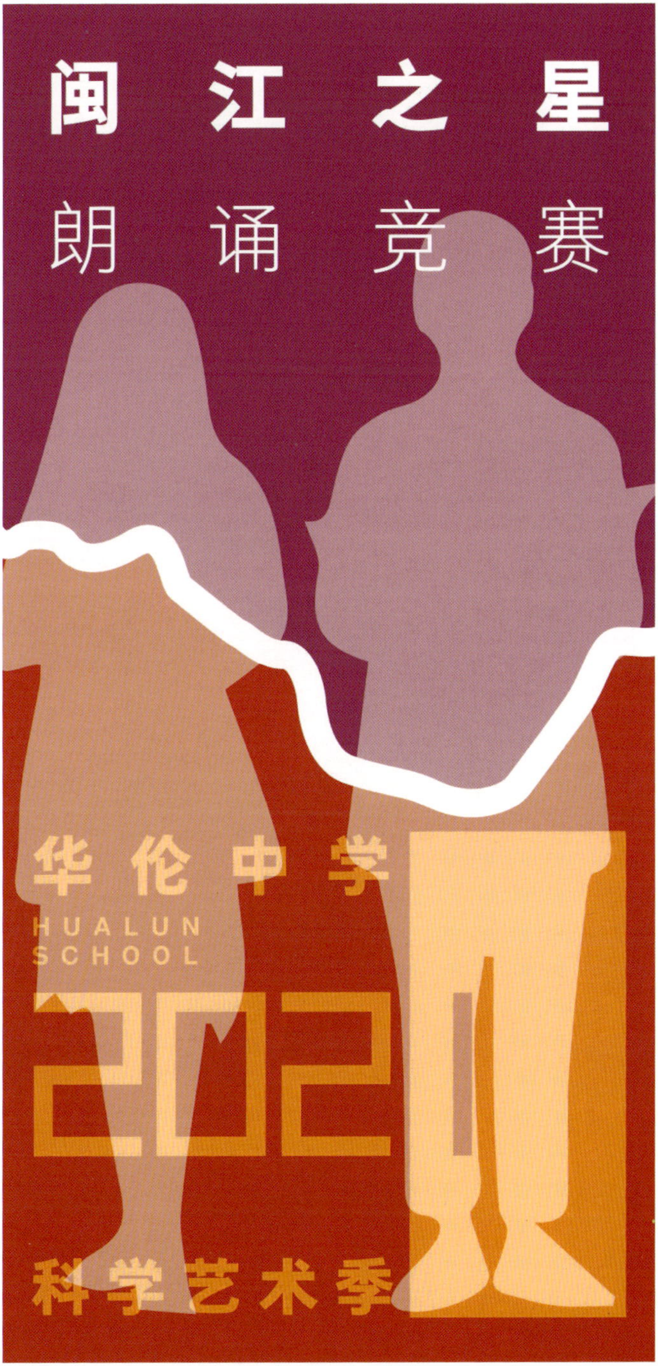
闽 江 之 星
朗 诵 竞 赛
华 伦 中 学
HUALUN
SCHOOL
2021
科学艺术季

# 活动现场
# 系列海报

**文案：李青**

**创意指导：李青**

**设计：蒋梓健**

**摄影：林铁志**

华伦中学
HUALUN SCHOOL
2021 开心
科学艺术季

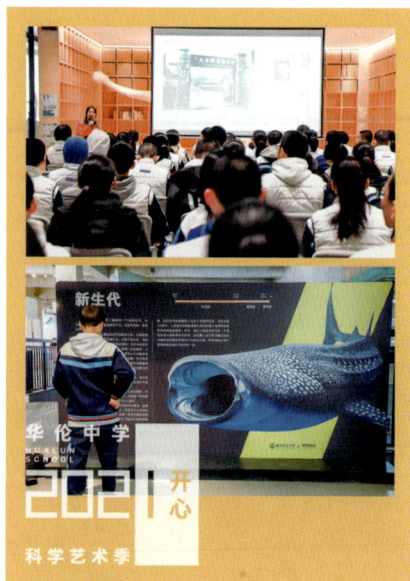

# 华伦中学

## 素质教育

### 教学平台建设

#### 海报选

# 图书馆之歌——
# 华伦中学进步工作法
# 系列海报

**文案：李青**

**创意指导：李青**

**设计：蒋梓健**

**摄影：林铁志　李瑶**

www.fzhlzx.com

华伦中学
科学艺术
HUALUN School
Sci-Art Library
图书馆

"不要在办公室空想，要去现场观察"
华伦中学进步工作法
正在讨论中

图书馆之歌

2020/12/31
华伦中学
翻开书
遇见美

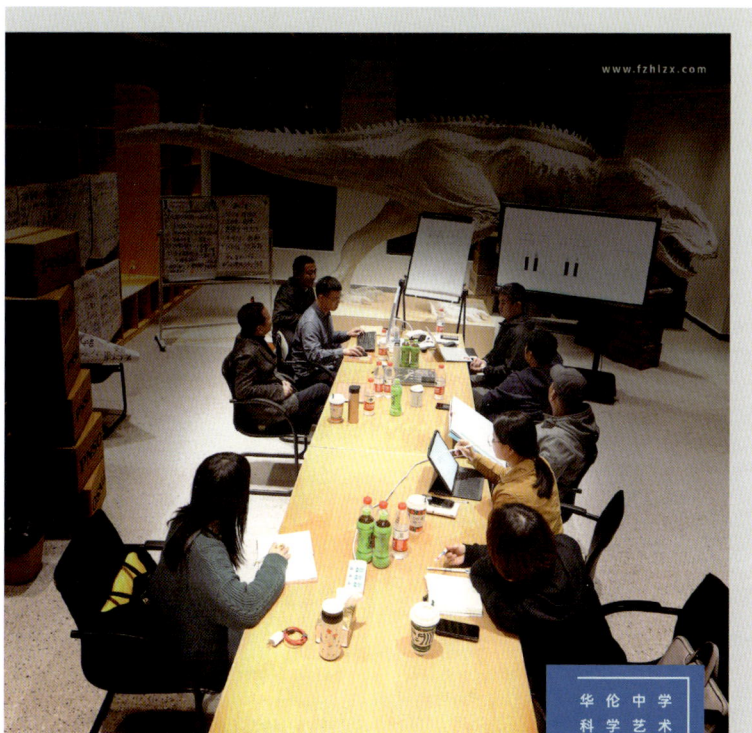

www.fzhlzx.com

华伦中学
科学艺术
HUALUN School
Sci-Art Library
图 书 馆

"项目课题化，课题成果化"
华伦中学进步工作法
正在讨论中

图书馆之歌

2020/12/31
华伦中学
翻开书
遇见美

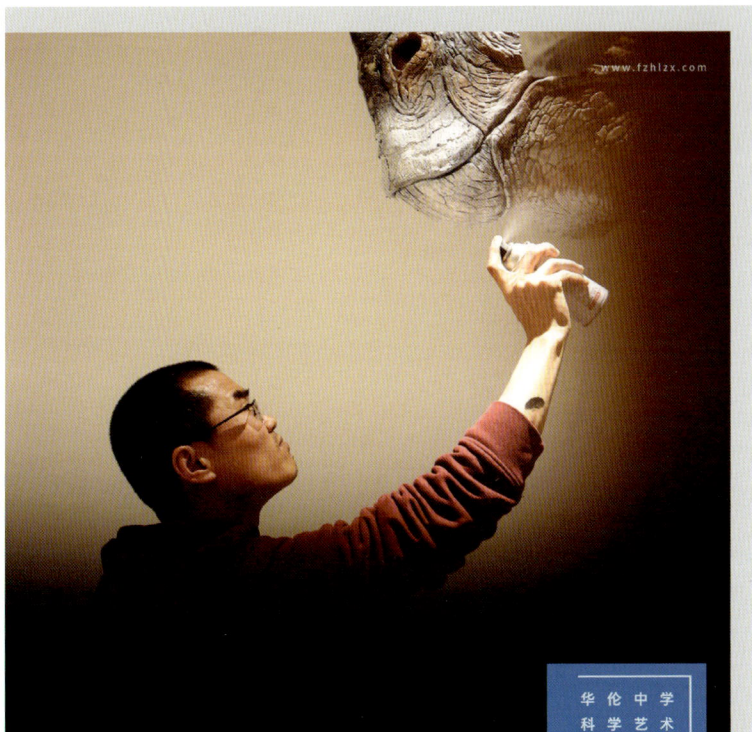

www.fzhlzx.com

华伦中学
科学艺术
HUALUN School
Sci-Art Library
图书馆

"要看成果是什么，不要听汇报什么"
华伦中学进步工作法
正在讨论中

图书馆之歌

2020/12/31
华伦中学
翻开书
遇见美

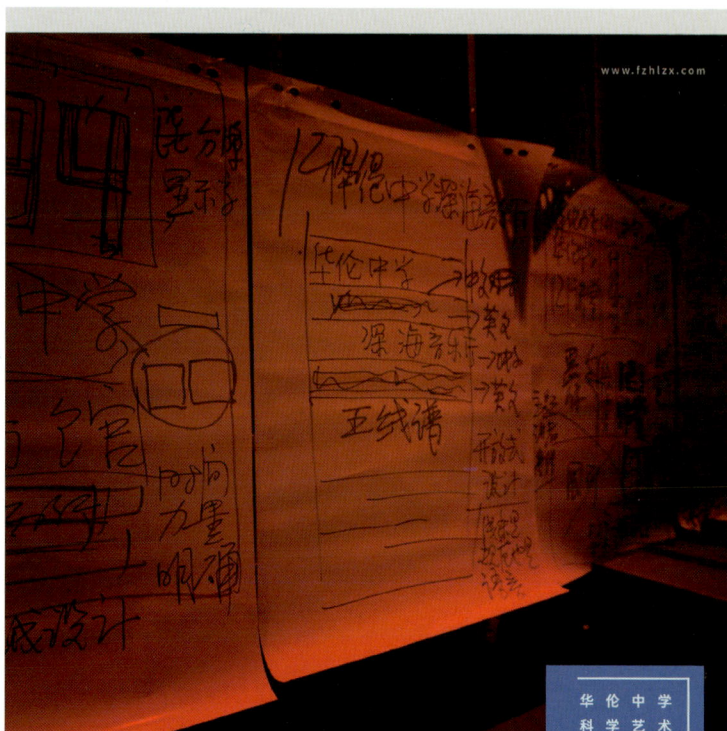

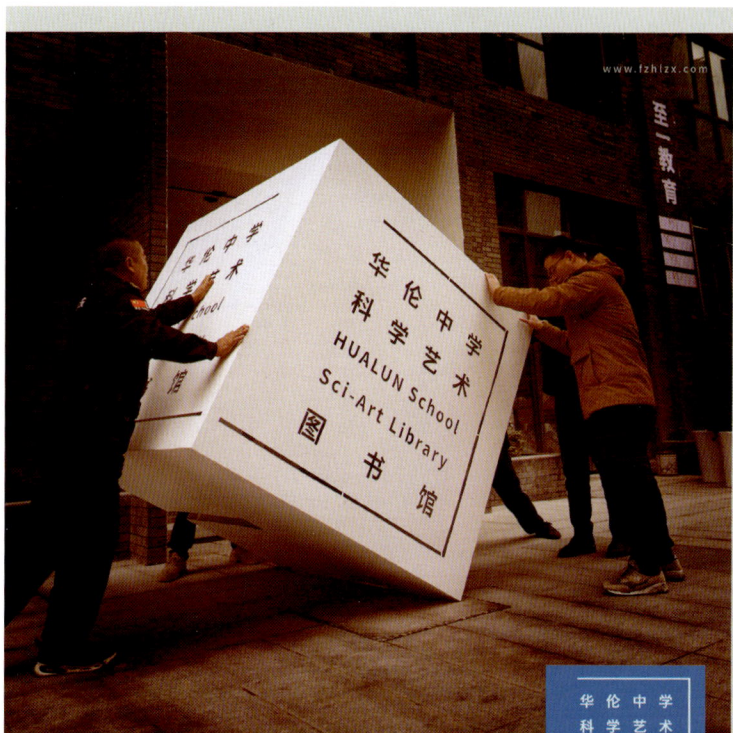

www.fzhlzx.com

华伦中学
科学艺术
HUALUN School
Sci-Art Library
图书馆

"理念目的化，目的工作化"
华伦中学进步工作法
正在讨论中

图书馆之歌

2020/12/31
华伦中学
翻开书
遇见美

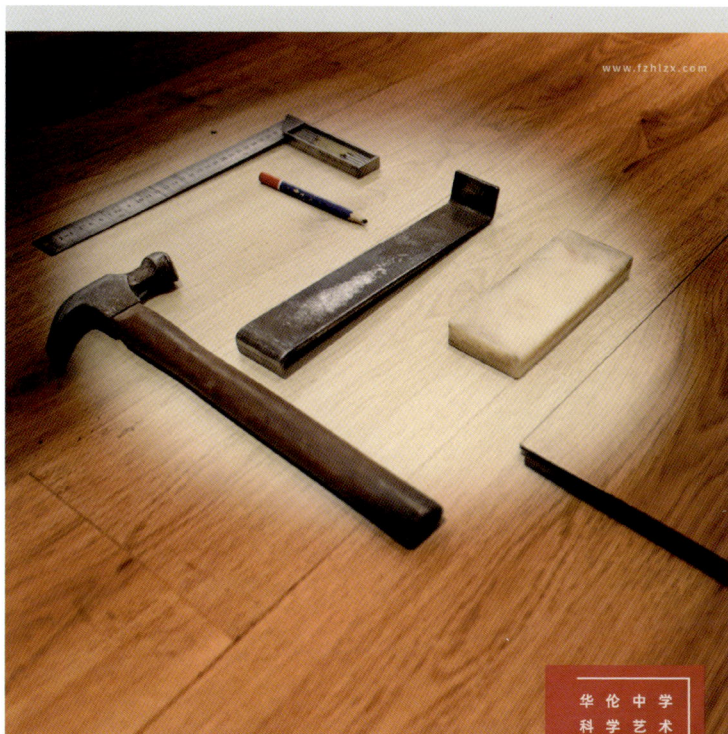

# 图书馆之歌——
# 华伦中学进步教学法
# 系列海报

**文案：李青**

**创意指导：李青**

**设计：蒋梓健**

**摄影：林铁志　李瑶**

去听，去领悟
每天，每时，每刻
华伦中学进步教学法，正在思索中

图书馆之歌

| | | |
|---|---|---|
| 陈冠宇 | 2020 | 华伦中学 |
| 华伦中学晋安校区 | 12 | 翻开书 |
| 执行校长 | 31 | 通见美 |

去想，去自问
每天，每时，每刻
华伦中学进步教学法，正在思索中

图书馆之歌

| 陈冠宇 | 2020 | 华伦中学 |
| 华伦中学晋安校区 | 1 2 | 翻开书 |
| 执行校长 | 3 1 | 遇见美 |

去问，去了解
每天，每时，每刻
华伦中学进步教学法，正在思索中

图书馆之歌

| 李青 | 2020 | 华伦中学 |
| 华伦中学科学艺术图书馆 | 12 | 翻开书 |
| 图书管理员 | 31 | 遇见美 |

去看，去发现
每天，每时，每刻
华伦中学进步教学法，正在思索中

图书馆之歌 | 陈冠宇 | 2020 | 华伦中学
华伦中学晋安校区 | 12 | 翻开书
执行校长 | 31 | 遇见美

去说，去交流
每天，每时，每刻
华伦中学进步教学法，正在思索中

图书馆之歌

| 李青 | 2020 | 华伦中学 |
| 华伦中学科学艺术图书馆 | 12 | 翻开书 |
| 图书管理员 | 31 | 遇见美 |

去做，去实践
每天，每时，每刻
华伦中学进步教学法，正在思索中

图书馆之歌

| 李青 | 2020 | 华伦中学 |
| 华伦中学科学艺术图书馆 | 1 2 | 翻开书 |
| 图书管理员 | 3 1 | 遇见美 |

去陪伴，去帮助
每天，每时，每刻
华伦中学进步教学法，正在思索中

图书馆之歌

林捷冬
华伦中学
校长

2020
12
31

华伦中学
翻开书
遇见美

去想象，去思考
每天，每时，每刻
华伦中学进步教学法，正在思索中

图书馆之歌

林捷冬　　　　　2020　　　华伦中学
华伦中学　　　　1 2　　　　翻开书
校长　　　　　　3 1　　　　遇见美

去欣赏，去鼓舞
每天，每时，每刻
华伦中学进步教学法，正在思索中

图书馆之歌

| 林捷冬 | 2020 | 华伦中学 |
| 华伦中学 | 12 | 翻开书 |
| 校长 | 31 | 遇见美 |

去体会，去琢磨
每天，每时，每刻
华伦中学进步教学法，正在思索中

图书馆之歌

| 阮玲霞 | 2020 | 华伦中学 |
| 华伦小学 | 12 | 翻开书 |
| 执行校长 | 31 | 遇见美 |

去触碰，去感知
每天，每时，每刻
华伦中学进步教学法，正在思索中

图书馆之歌

| 阮玲霞 | 2020 | 华伦中学 |
| 华伦小学 | 12 | 翻开书 |
| 执行校长 | 31 | 遇见美 |

# 图书馆之歌——
# 开馆预告
# 系列海报

**文案：李青**

**创意指导：李青**

**设计：蒋梓健**

**摄影：林铁志　李瑶**

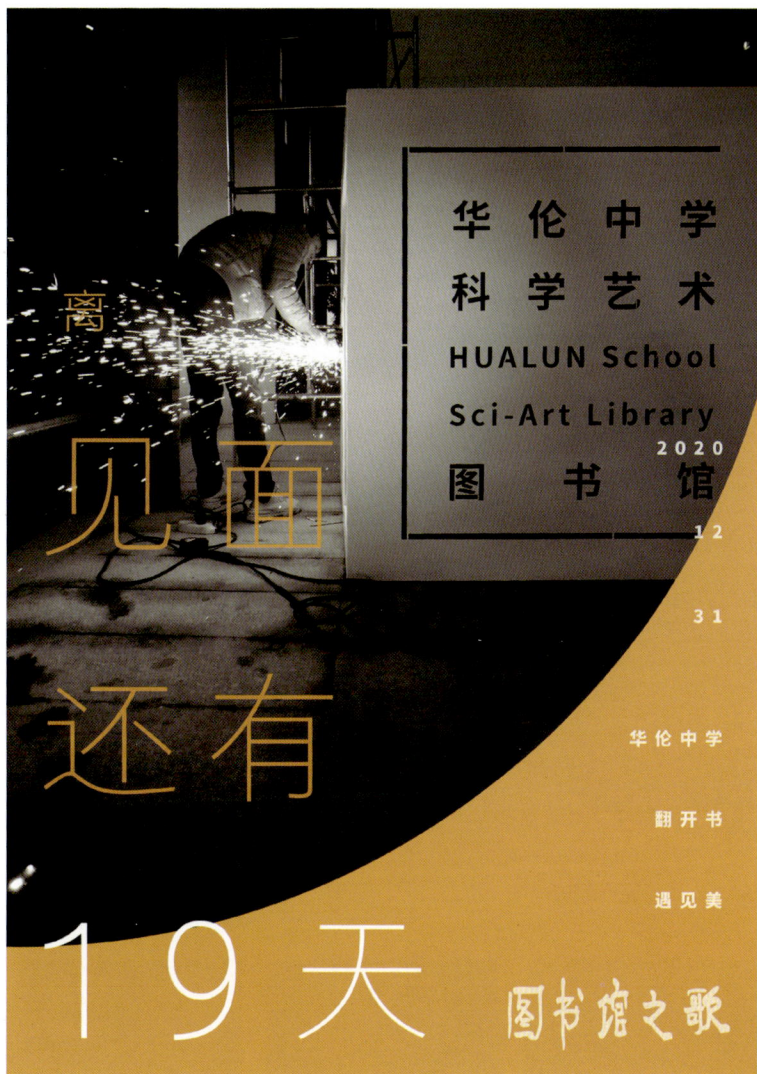

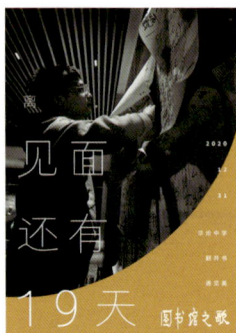
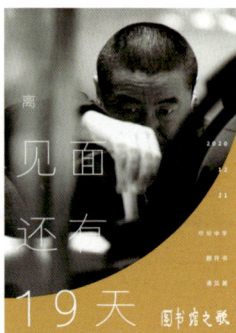
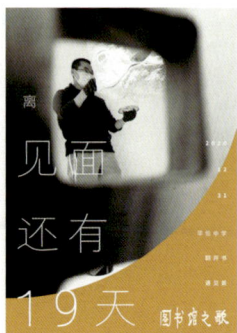
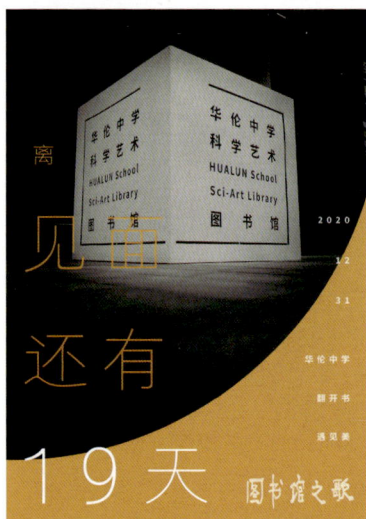
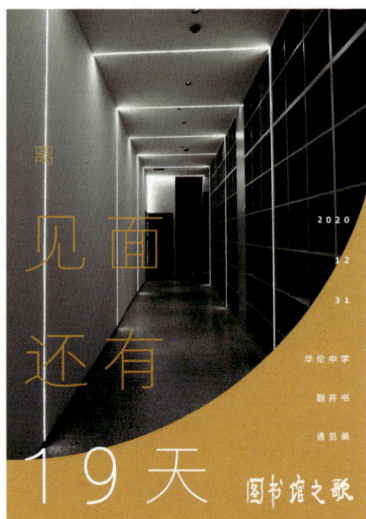

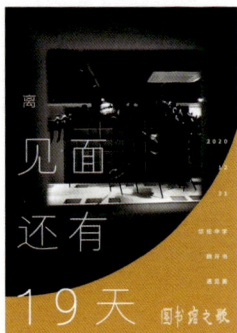

听过一万个人唱歌的人
是幸福的
因为这个人有过一万次的感动

2020
12
31

华伦中学
翻开书
遇见美

图书馆之歌

华伦中学
科学艺术
HUALUN School
Sci-Art Library
图书馆

我的工作就是
找到一千个好作者
然后
带一万本好书回家

2020
12
31

华伦中学
翻开书
遇见美

图书馆之歌

华伦中学
科学艺术
HUALUN School
Sci-Art Library
图书馆

在一本书里
有人看见伟大
有人看见渺小
有人看见对
有人看见错
而我看见你的努力

2020
12
31

华伦中学

翻开书

遇见美

图书馆之歌

华伦中学
科学艺术
HUALUN School
Sci-Art Library
图书馆

人生这本大书
不仅要认真地翻
认真地看
还得认真地写啊

2020
12
31

华伦中学

翻开书

遇见美

图书馆之歌

华伦中学
科学艺术
HUALUN School
Sci-Art Library
图书馆

我在这里
遇见天空
遇见大海
还遇见小星星
你看
它还一闪一闪
亮晶晶
你看
它像不像
我的眼睛

2020
12
31

华伦中学
翻开书
遇见美

图书馆之歌

华伦中学
科学艺术
HUALUN School
Sci-Art Library
图书馆

华伦中学
科学艺术
HUALUN School
Sci-Art Library
图书馆
翻开书，遇见美。离见面还有14天

离开幕
还有
2 天

华伦中学
科学艺术
HUALUN School
Sci-Art Library
图书馆

翻开书

遇见美

鳌兴路121号

华伦中学

科学艺术图书馆

12

31

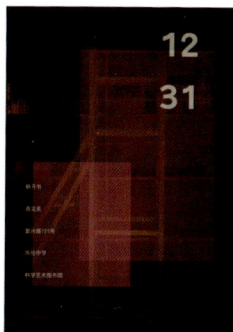
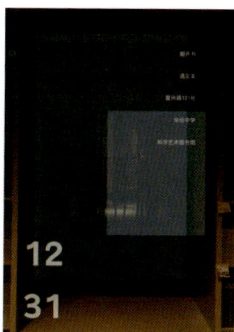

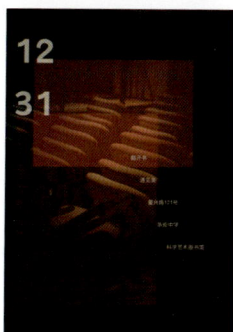
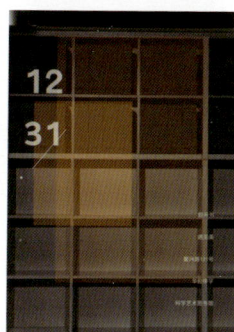

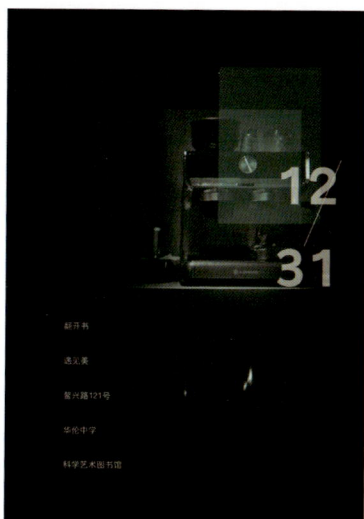
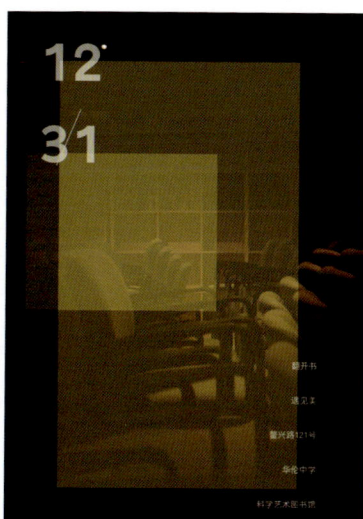

# 华伦中学科学艺术图书馆
# 立馆宗旨
# 系列海报

**文案：李青**

**创意指导：李青**

**设计：蒋梓健**

**摄影：蒋梓健**

何为真？

何为善？

何为美？

何为一种？

何为世界？

如何认识？

华伦中学
科学艺术
HUALUN School
Sci-Art Library
图书馆

# 02

## 摄影艺术家

8
7

何为真？

善为真之一种。

华伦中学
科学艺术
HUALUN School
Sci-Art Library
图 书 馆

09

诗人

8
7

何为善？

美为善之一种。

华伦中学
科学艺术
HUALUN School
Sci-Art Library
图书馆

10

科学家

8
7

何为美？
真为美之一种。

华伦中学
科学艺术
HUALUN School
Sci-Art Library
图 书 馆

08

思想家

8
7

何为一种？

一种乃他见之世界。

华伦中学
科学艺术
HUALUN School
Sci-Art Library
图　书　馆

01

绘画艺术家

8
7

何为世界？

君之认识也。

华伦中学
科学艺术
HUALUN School
Sci-Art Library
图 书 馆

05

随笔作家

8
7

如何认识？

读书。

华伦中学
科学艺术
HUALUN School
Sci-Art Library
图书馆

# 华伦中学科学艺术图书馆
# 开馆准备
# 系列海报

**文案：李青**

**创意指导：李青**

**设计：蒋梓健**

**摄影：林铁志　李瑶**

华伦中学
科学艺术
HUALUN School
Sci-Art Library
图书馆

此时，
此刻。

鳌兴路121号

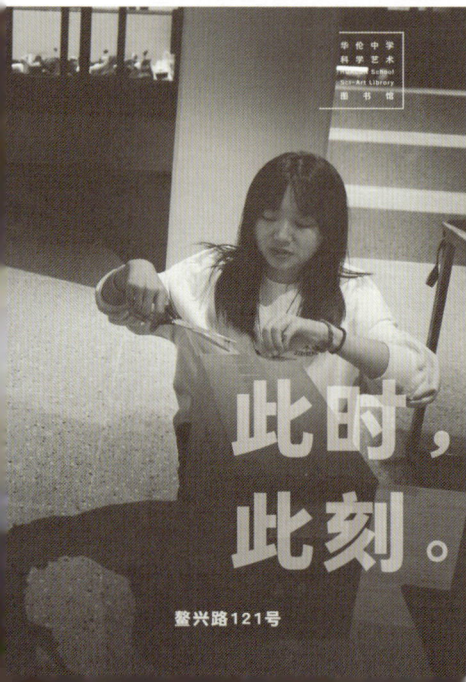

此时，
此刻。

鳌兴路121号

此时，

此刻。

鳌兴路121号

华伦中学
科学艺术
HUALUN School
Sci-Art Library
图书馆

此时，

鳌兴路121号

此刻。

华伦中学
科学艺术
HUALUN School
Sci-Art Library
图书馆

美
是一种
崇高的追求

2020年12月31日
翻开书
遇见美

华伦中学
科学艺术
HUALUN School
Sci-Art Library
图书馆

# 华伦中学科学艺术图书馆
# 书架导读
# 系列海报

**文案：李青**

**创意指导：李青**

**设计：蒋梓健**

华伦中学
科学艺术
HUALUN School
Sci-Art Library
图书馆

翻开书
遇见美

同学好:

欢迎翻阅诗歌书架

———

艾略特是个保守派

金斯堡送给北岛一条二手领带

里尔克一生写了2500首诗

阎安又在北方整理石头

女诗人们写得太好了

画画的男诗人鲍勃·迪伦干脆去唱民谣了

后来竟然获得了一个诺贝尔文学奖

# 看来，没有诗的生活
# 的确是乱七八糟的

同学好：

欢迎翻阅诗歌书架

———

诗是神存在的证据

是人具有神性的证言

所谓神

不过纯粹之事

爱之极致也

华伦中学
科学艺术
HUALUN School
Sci-Art Library
图书馆

翻开书
遇见美

华 伦 中 学
科 学 艺 术
HUALUN School
Sci-Art Library
图 书 馆

翻开书
遇见美

同学好：

欢迎翻阅诗歌书架

## 同桌说想读北京大学

他想加入未名湖诗社

我说你也可以去唐朝逛逛

说不定会遇见李白

他说这个主意不错

但我不喜欢喝酒

这听起来的确是个问题

要不，你可以去古希腊看看

听荷马讲讲神话故事

也是很酷的

华伦中学
科学艺术
HUALUN School
Sci-Art Library
图书馆

翻开书
遇见美

同学好：

欢迎翻阅诗歌书架

静静地读

深情地诵

你偷偷地写好

悄悄地寄给我

少年

在读诗的年纪

# 没有比写诗
# 更好玩的事了

华伦中学
科学艺术
HUALUN School
Sci-Art Library
图书馆

翻开书
遇见美

同学好：

欢迎翻阅绘画书架

# 凡·高
# 买多了
# 黄色颜料

达·芬奇给蒙娜丽莎女士画了两幅肖像画

如果说马蒂斯是个野兽

那么毕加索应该是个十足的幻想家

徐悲鸿爱马

赵闯爱恐龙

安迪·沃霍尔应该去广告书架

华伦中学
科学艺术
HUALUN School
Sci-Art Library
图书馆

翻开书
遇见美

同学好：

欢迎翻阅摄影书架

——

# 有些人
# 穷尽一生

用时间

偷窥发生的一切

然后用光

书写下动人心魄的瞬间

只要你亲自去看

去思考

去追问

就可能会发现

其中的秘密

同学好:

欢迎翻阅设计书架

———

设计作为方法

能解决很多具体的问题

设计作为作品

能发现很多思考的乐趣

华伦中学
科学艺术
HUALUN School
Sci-Art Library
图书馆

翻开书

遇见美

同学好：

欢迎翻阅设计书架

——

# 切记，不要忽略字体

切记，空间感有着复杂的含义

切记，载体—信息—逻辑

切记，原则—规则—细则

华伦中学
科学艺术
HUALUN School
Sci-Art Library
图书馆

翻开书

遇见美

华伦中学
科学艺术
HUALUN School
Sci-Art Library
图书馆

翻开书
遇见美

同学好：

欢迎翻阅哲学书架

——

回答不了
那些终极大问题
你就自己再提出一个
谁也回答不了的问题

华伦中学
科学艺术
HUALUN School
Sci-Art Library
图 书 馆

翻开书

遇见美

同学好：

欢迎翻阅哲学书架

——

不爱读哲学书是正常的

不爱智慧就有点儿另类了

读不懂任何一本哲学史没什么

# 不了解一点儿哲学
# 就可惜你的才华了

同学好：

欢迎翻阅哲学书架

——

# 害怕老师提问

你就去了解一下维特根斯坦的博士答辩会

很过瘾的

讨厌父母争吵

你就去看一下福柯和乔姆斯基的辩论会

精彩极了

如果现在什么都不想干

你就去听齐泽克讲个笑话

有趣得很呢

华伦中学
科学艺术
HUALUN School
Sci-Art Library
图书馆

翻开书
遇见美

华伦中学
科学艺术
HUALUN School
Sci-Art Library
图书馆

翻开书
遇见美

同学好：

欢迎翻阅博物书架

拿破仑二世不仅爱打仗

还是个了不起的博物学家

不爱当医生的达尔文

写出了《物种起源》

本馆收藏了两位赫胥黎的书

严复先生翻译的《天演论》在这儿可以找到

另一位赫胥黎的《美丽新世界》

应该在文学书架上等待读者

欢迎进入无限广阔的博物世界

倘若不识地图
请阅读
《人类在自然界的位置》

同学好：

欢迎翻阅博物书架

———

# 你长大后去远足

各种各样的博物馆

是非看不可的

在中国的故宫

在法国的卢浮宫

在美国的自然历史博物馆

在德国的汽车博物馆

人类的文明被展览，自然的奇迹被收藏

人们好奇

人们惊叹

人们沉思

人们流连忘返

如今，君还年少

可在这个书架上

提前看一眼

未来会相遇的事物

华伦中学
科学艺术
HUALUN School
Sci-Art Library
图 书 馆

翻开书
遇见美

华伦中学
科学艺术
HUALUN School
Sci-Art Library
图 书 馆

翻开书

遇见美

同学好:

欢迎翻阅小说书架

——

小说是真实的历史

是人

关于欲望的社会化、制度化、合理化的努力

伟大的小说是

拒绝

辞典化的百科全书

华伦中学
科学艺术
HUALUN School
Sci-Art Library
图书馆

翻开书

遇见美

同学好：

欢迎翻阅小说书架

——

小说通常有以下几种情形

一种是写时代的人

一种是写人的时代

脱离了时代的，是科幻

脱离了人的，是魔幻

以上情形都不是的

# 不是小说

华伦中学
科学艺术
HUALUN School
Sci-Art Library
图 书 馆

翻开书
遇见美

同学好：

欢迎翻阅文化书架

——

读鲁迅，了解中国人

读胡适，成为现代人

有的书，不读也罢

文化人，还是要做的

同学好：

欢迎翻阅文化书架

——

# 文明是对他者的
# 某种态度

文明的高度是由强者对弱者的态度决定的

就人类这个群体而言

文明大多是理论上的，不是行为上的

所以文明很珍贵

所以文明要保护，更要学习

华 伦 中 学
科 学 艺 术
HUALUN School
Sci-Art Library
图 书 馆

翻开书

遇见美

华 伦 中 学
科 学 艺 术
HUALUN School
Sci-Art Library
图 书 馆

翻开书
遇见美

同学好：

欢迎翻阅工具书架

1957年

商务印书馆出版了《新华字典》第一版

2020年

《新华字典》第12版还是由商务印书馆出版

在短短的63年时间里

同一个出版社出版的

中国人普遍使用的工具书修订了11次

内容变化大到一般读者难以想象

这其中，包含着一个什么样的道理呢？

标准是会随着时代而变化的

知识是会不断更新的

# 人的学习是不能停止的
# 不然
# 就有过时的危险了

同学好：

欢迎翻阅工具书架

———

## 要尊重一部严肃的辞典

不仅因为它的编者是学术权威

而且因为每个词条所包含的知识

是大家可以正常交流的基础

不要轻易相信某一册世界地图集

不同的国家和地区

有着不同的疆域概念

旧版的工具书，是历史的成就

新版的基因组图谱，是科学的骄傲

华伦中学
科学艺术
HUALUN School
Sci-Art Library
图书馆

翻开书

遇见美

同学好：

欢迎翻阅科学书架

# "长大以后
# 我想当一名科学家"

同学，不知你有没有过这样的豪言壮语？

如果有过

我想请你在这里驻足一会儿

不是我又要劝你好好学习

而是我想问你：

此刻，你还是这样想的吗？

如果是

那就好好学习吧

华 伦 中 学
科 学 艺 术
HUALUN School
Sci-Art Library
图 书 馆

翻开书
遇见美

同学好:

欢迎翻阅科学书架

——

# 科学是什么?

作为一个概念

"科学"可以看作一个哲学名词

作为某一种精神的象征

"科学"可以看作一种文化现象

作为对一个行业的描述

"科学"也可以理解为一种社会分工

作为一种认识世界的方法

"科学"亦可比作一种知识工具

那,"科学"究竟是什么呢?


我是这样理解的:

只有科学的"科学"

"科学"才是科学的

华伦中学
科学艺术
HUALUN School
Sci-Art Library
图书馆

翻开书

遇见美

华伦中学
科学艺术
HUALUN School
Sci-Art Library
图书馆

翻开书
遇见美

同学好：

欢迎翻阅绘本书架

小时候看的绘本

长大后应该再看一遍

小时候没有看过的绘本

长大后要看两遍

已经看过同一册绘本两遍的成年人

至少应该
陪你的孩子再看一遍

同学好:

欢迎翻阅随笔书架

——

# 大量看随笔
# 有以下三个好处

1. 会发现很多有趣的人和新鲜的事

2. 能一次又一次地证明世界真的好大, 生命很丰富

3. 如果把自己的故事写下来, 也是很精彩的

既然好处这么多, 你还等什么?

现在就开始看本架的书吧

华伦中学
科学艺术
HUALUN School
Sci-Art Library
图 书 馆

翻开书
遇见美

# 凝视一座伟大的城市——
# 华伦中学星空美术馆
# 系列海报

**文案：李青**

**创意指导：李青**

**设计：蒋梓健**

**摄影：林铁志　李瑶**

# 凝视一座伟大的城市

每时，每刻

2021
01
01

华伦中学
HUALUN
SCHOOL

SKY
GALLERY
星空美术馆

凝

每时

202

12

31

**凝视一座伟大的城市**
每时，每刻

2020

12

31

华伦中学
HUALUN
SCHOOL

SKY
GALLERY
星空美术馆

**凝视一座伟大的城市**
每时，每刻

2020

12

31

华伦中学
HUALUN
SCHOOL

SKY
GALLERY
星空美术馆

**凝视一座伟大的城**
每时，每刻

2020

12

31

华伦中学
HUALUN
SCHOOL

SKY
GALLERY
星空美术馆

# 一座伟大的城市

华伦中学
HUALUN
SCHOOL

SKY
GALLERY
星空美术馆

华伦中学
HUALUN
SCHOOL
凝视一座伟大的城市

SKY
GALLERY
星空美术馆

凝视一座伟大的城市
2020/12/31
每时，每刻

凝视一座伟大的城市
每时，每刻

2020
12
31

华伦中学
HUALUN
SCHOOL
星空美术馆

凝视一座伟大的城市
每时，每刻

2020
12
31

华伦中学
HUALUN
SCHOOL
星空美术馆

# 聆听世界的声音，也有你的——华伦中学深海音乐厅系列海报

**文案：李青**

**创意指导：李青**

**设计：蒋梓健**

**摄影：林铁志**

华伦中学
HUALUN SCHOOL

深海音乐厅
DEEP SEA THEATER

2021
01
01
开幕

聆听世界的声音
也有你的

聆听世界的声音
也有你的
华伦中学
HUALUN SCHOOL
深海音乐厅
DEEP SEA THEATER
2021
01
01
开幕

聆听世界的声音
也有你的
华伦中学
HUALUN SCHOOL
深海音乐厅
DEEP SEA THEATER
2021
01
01
开幕

聆听世界的声音
也有你的
2021
01
01
开幕
华伦中学
HUALUN SCHOOL
深海音乐厅
DEEP SEA THEATER

聆听世界的声音
也有你的
华伦中学
HUALUN SCHOOL
深海音乐厅
DEEP SEA THEATER
2021
01
01
开幕

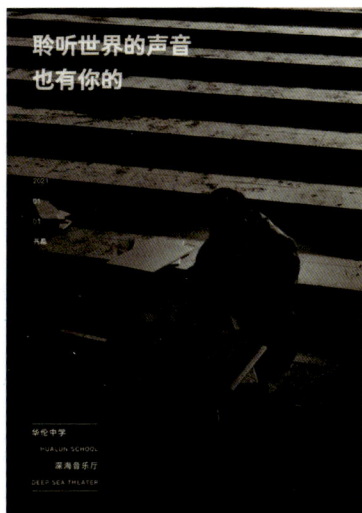
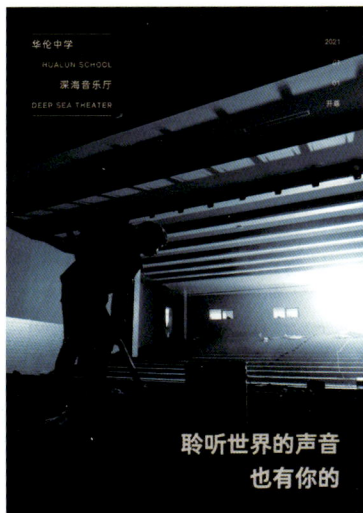

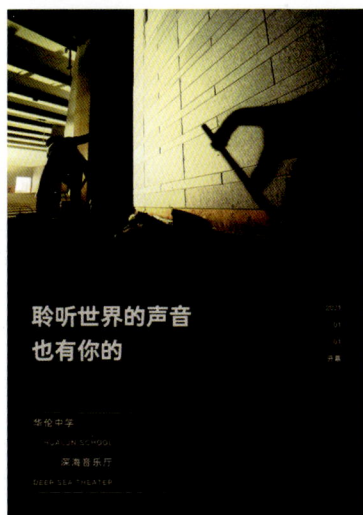

# 华伦中学科学艺术博物馆
# 形象海报

**文案：李青**

**创意指导：李青**

**设计：蒋梓健**

**摄影：林铁志**

华伦中学
科学艺术
博物馆
HUALUN School
Sci-Art Museum

华伦中学
科学艺术
博物馆
HUALUN School
Sci-Art Museum

华伦中学
科学艺术
博物馆
HUALUN School
Sci-Art Museum

华伦中学
科学艺术
博物馆
HUALUN School
Sci-Art Museum

华伦中学
科学艺术
博物馆
HUALUN School
Sci-Art Museum

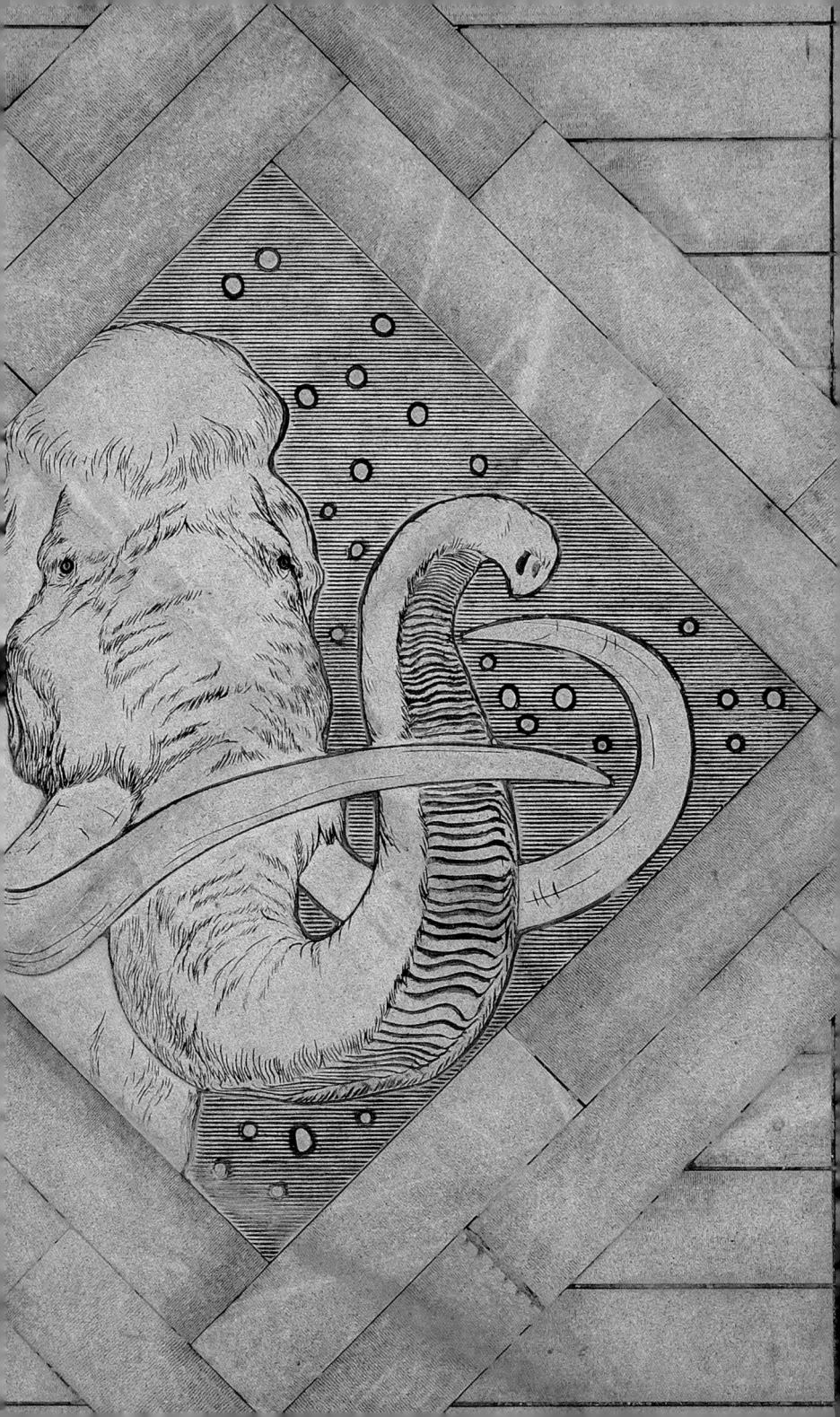

华伦中学
科学艺术
博物馆
HUALUN School
Sci-Art Museum

# 华伦中学学生艺术中心
# 形象海报

**文案：李青**

**创意指导：李青**

**设计：蒋梓健**

**摄影：林舒一**

华伦

HUALUN
Student
Art Cent

学生艺

中学

School

r

术中心

# 合作伙伴

**PNSO**

李清故事班
LiQing's Narrative

# A B C

文艺合作社
ARTISTIC BIOGRAPHERS CO-OP

益鸟科学艺术
YINIAO SCI-ART

拥有一只霸王龙的关关同学